Doreen Virtue
& Radleigh Valentine

Das Feen-Tarot

Illustrationen von
Howard David Johnson

*Aus dem amerikanischen Englisch
von Angelika Hansen*

Allegria

Die Originalausgabe erschien 2015
unter dem Titel FAIRY TAROT CARDS im Verlag Hay House,
Inc., Carlsbad, CA, USA

Allegria ist ein Verlag der Ullstein Buchverlage GmbH

ISBN 978-3-7934-2309-6

2. Auflage 2022

Übersetzung: Angelika Hansen
Umschlaggestaltung: FranklDesign, München
Titelabbildung: Howard David Johnson
Satz: FranklDesign
Druck und Bindearbeiten: bookPlus
International Ltd., Hong Kong
Printed in China

Inhalt

Wie Sie mit den Tarot-Karten arbeiten können

Wir haben dieses *Feen Tarot-Kartendeck* aus drei magischen Gründen entworfen:

— **Der erste Grund:** Wir lieben Feen und hoffen, Sie tun es auch. Wenn Sie bisher noch nicht mit Feen gearbeitet haben, sollten Sie wissen, dass diese kleinen Wesen Gottes Naturengel sind, die über den Planeten und die Königreiche der Minerale wachen. In der Vergangenheit waren Feen in der Regel Objekte des Misstrauens und falscher Information, meistens aufgrund von Personen, die eifersüchtig auf die Tatsache waren, dass Feen nur den Menschen helfen, die ein reines Herz haben. Wenn Sie die Feen erst einmal kennenlernen, werden Sie sehen, dass es sich bei ihnen um willensstarke und vertrauenswürdige Partner handelt. Feen ärgern sich über Menschen, die Tiere oder die Erde misshandeln. Wenn Sie jedoch jemand sind, der sein Bestes tut, um unseren Planeten und andere Lebewesen gut zu behandeln, werden die Feen Ihnen auf verblüffende und wundersame Weise helfen.

— **Der zweite Grund** für dieses Deck besteht darin, Sie mit den Botschaften der Feen hinsichtlich Selbstbewusstsein bei Ihrer Lebensaufgabe zu unterstützen. Tatsächlich betrachten wir persönlich das *Feen Tarot* als das »Kartendeck der Selbstachtung«, da seine Worte und Bilder von dieser Intention erfüllt sind.

Dieses Deck enthält unter anderem die majestätischen Feen – Könige, Königinnen, Prinzen und Prinzessinnen – und ermutigt Sie, Ihre »eigene unsichtbare Krone zu tragen« und sich daran zu erinnern, dass auch Sie ein königliches Mitglied des Reiches Gottes sind.

Je mehr Sie an sich glauben, desto intensiver werden Sie an Ihrer gottgegebenen Lebensaufgabe arbeiten. Wie Sie wissen, hat jeder von uns eine Aufgabe im Leben, zu der eine Aktivität gehört, die anderen zum Segen gereicht. Jedoch versucht das Ego, uns diese Mission auszureden, indem es uns sagt, dass wir nicht bereit oder qualifiziert sind, um zielgerichtet aktiv zu werden. Das Ego möchte, dass wir unsere Aufgabe kontinuierlich aufschieben, während wir uns endlos darauf vorbereiten, aber nichts Entsprechendes unternehmen. Diese Karten werden

Ihnen helfen, sich sicher zu fühlen, um Ihre Aufgabe jetzt rigoros in Angriff zu nehmen.

— **Der dritte Grund** für die *Feen Tarot-Karten* war unser Wunsch, ein Begleitdeck zu unserem ersten Tarot-Deck – *Engel Tarot* – zu kreieren. Sie werden also sehen, dass die beiden Decks diverse Namen und Ausführungen teilen. Diese Einheitlichkeit ist hilfreich, wenn Sie lernen, mit dem Tarot umzugehen. Zudem können Sie die *Feen Tarot-Karten* und das *Engel Tarot* mischen, um die Details in Ihren Antworten noch aufschlussreicher zu machen.

Wenn Ihnen geweihte geografische Orte vertraut sind, werden Sie feststellen, dass die Abbildungen auf den Karten das Dorf Glastonbury in Somerset, England, darstellen. Dieser magische Ort – mit der Abtei, den wunderbaren Blumengärten und Heilquellen von Chalice Well und dem herrlichen Tor (Turm) von Erzengel Michael – ist erfüllt von großer Heilungsenergie. Der historische Hintergrund spiritueller Kraft – unter anderem die Mysterien des Joseph von Arimathäa, der Heilige Gral, der heilige Weißdornbaum, Avalon, Merlin, König Arthur und Königin Guinevere – macht Glastonbury zu einer inspirierenden Kulisse für unsere *Feen Tarot-Karten*. Außerdem zeigen die Karten Rosslyn Chapel in Schottland, was die Symbolik und Legenden des Heiligen Grals widerhallen lässt.

So wie bei all unseren Karten ist jede Abbildung und jedes Wort positiv und liebevoll. Tarot weiß, dass die Welt ihre Herausforderungen für uns hat, und die Karten erkennen diese Seite des Lebens an. Jedoch tun sie es auf eine ermutigende und kraftspendende Weise, um Ihre Selbstachtung und Ihr Selbstvertrauen zu stärken.

Ob Sie nun Führung für sich selbst, einen geliebten Menschen oder einen Klienten erhalten, in jedem Fall werden Sie entdecken, dass die Feen Tarot-Karten klar und deutlich zu Ihnen sprechen.

Über Ihre Feen Tarot-Karten

Das Tarot ist ein perfektes Instrument, um detaillierte Informationen und Antworten auf Ihre Fragen zu erhalten. Natürlich können Sie Führung empfangen, wenn Sie sich direkt an Gott, Jesus und die Feen wenden. Wenn Sie jedoch gestresst sind, ist es schwierig, ihre Gegenwart und Botschaften zu fühlen oder zu hören. In dieser Situation können Tarot-Karen eine direkte Leitung zur himmlischen Führung sein.

Falls Sie schon jemals ein *Engel Tarot-Kartendeck* benutzt haben, werden Ihnen die Feen Tarot-Karten sehr vertraut erscheinen! Der einzige wirkliche Unterschied zwischen Orakelkarten und Tarot besteht darin, dass Letzteres 78 Karten hat anstatt 44 und einer strukturierten Handlungslinie über das Leben auf der Erde folgt. Wir werden geboren, gehen zur Schule, lernen Freunde kennen, verlieben uns und entscheiden uns für einen Beruf. Alle diese Aspekte des Lebens (und viele weitere) finden sich im Tarot wieder. Und da Millionen von Menschen im Laufe der Jahrhunderte sich vertrauensvoll an das Tarot gewandt haben, um Führung zu empfangen, ist es ein Symbol für die göttliche Führung geworden, die es bereithält. Zudem ist es extrem zuverlässig und akkurat.

Es mag Sie überraschen zu wissen, dass das Tarot ursprünglich ein Gesellschaftsspiel war, ähnlich wie Bridge! Im Laufe der Zeit jedoch erkannten intuitiv veranlagte Menschen, dass es mit dem Tarot noch mehr auf sich hatte. Zu vielen Zeiten in der Menschheitsgeschichte war es jedoch für diese Personen aus Angst vor Repressalien gefährlich, ihre Intuition zu demonstrieren. Dies ist einer der Gründe, warum das Tarot in der weit zurückliegenden Vergangenheit so geheim gehalten wurde. Doch in der heutigen Welt ist uns die segensreiche Möglichkeit gegeben, unsere spirituellen Fähigkeiten voll anzunehmen, um uns selbst und anderen zu helfen, die Hilfe brauchen.

Wir haben die klassische Struktur des Tarot in diesem Deck beibehalten, versehen mit einigen Änderungen, die die liebevolle und hilfreiche Natur dieses prophetischen Werkzeugs zum Ausdruck bringen. Jede Karte ist auch für hoch sensitive Menschen beruhigend und sicher.

Ursprünglich bestand das Tarot aus zwei Sets von Karten, genannt die *Arkana*. Diese beiden Arkana wurden später zu den mittlerweile traditionellen 78 Karten kombiniert. Das erste Set wird heute die **Großen Arkana** genannt und besteht aus 22 Karten, die wichtige Ereignisse und Wendepunkte in unserem Leben beschreiben (wie zum Beispiel Hochzeit, Schwangerschaft, Beziehungs-und Berufsveränderungen oder das Überwinden individueller Schwierigkeiten). Die Karten der Großen Arkana können zudem die verschiedenen Lebensphasen von der Kindheit bis ins hohe Alter repräsentieren.

Das zweite Karten-Set wird die **Kleinen Arkana** genannt und besteht aus vier »Farben«, die verschiedene Aspekte des menschlichen Lebens symbolisieren. Die Karten der Kleinen Arkana sind nummeriert, und zwar von 1 (As) bis 10 plus weiterer vier Karten, die als *Hofkarten* bezeichnet werden *(Prinzessin, Prinz, Königin, König)*. Während die Großen Arkana entscheidende Übergänge im Leben repräsentieren, spiegeln die Kleinen Arkana die alltäglichen Aspekte unseres Lebens und der Personen wider, mit denen wir unser Leben teilen.

Bei einem Reading können Hofkarten entweder für eine Situation oder eine Person stehen. Um es dem Leser einfacher zu machen, haben wir jeder Karte im oberen Drittel mit bestimmten Persönlichkeits-Attributen versehen, gefolgt von Situationsbeschreibungen. Um zu wissen, was bei dem Reading relevant ist, schauen Sie die umliegenden Karten genau an und lassen sich von Ihrer Intuition leiten. Wichtig ist außerdem, darauf zu achten, dass die auf den Karten erkennbare Geschlechtszugehörigkeit nicht etwas ist, woran Sie sich bei der Interpretation halten müssen.

Die Kleinen Arkana bestehen aus vier Farben (traditionelle Bezeichnung) oder Gruppen. Im traditionellen Tarot werden sie in der Regel *Stäbe, Kelche, Schwerter und Münzen* genannt. Wir haben diese Kartengruppen jedoch umbenannt, damit sie umso leichter zu interpretieren und zu verstehen sind. In den Feen Tarot-Karten reflektieren die Kleinen Arkana die Jahreszeiten – *Frühling* steht für *Stäbe*, *Sommer* für *Kelche*, *Winter* für *Schwerter* und *Herbst* für *Münzen* – in Übereinstimmung mit der naturbasierten Weisheit der Feen. Die Zuordnung jeder Jahreszeit zu einer Gruppe ist historisch und wurde in der traditionellen Folge belassen, so wie es beim herkömmlichen Tarot der Fall ist. Daher folgen die einzelnen Gruppen nicht dem jahreszeitlichen Lauf der Erde, sondern sind vielmehr in der gleichen Weise aufgebaut wie unser ursprüngliches Tarot-Deck, das *Engel Tarot*, das die Jahreszeiten als die vier Elemente *Feuer* (Frühling), *Wasser* (Sommer), *Luft* (Winter) und *Erde* (Herbst) symbolisiert. Sie werden in diesem Handbuch mehr über diese Karten-Gruppen erfahren.

Eine historische Notiz am Rande: Ursprünglich wurden die Großen Arkana mit »Gerechtigkeit« als achte Karte und »Innere Kraft« als elfte Karte entworfen. Doch zu Beginn des 20. Jahrhunderts tauschte Arthur Edward Waite die Karten in seinem berühmten Rider-Waite-Deck aus. Seine Gründe dafür waren obskur, und das Resultat erwies sich als störend im Hinblick auf den freien Fluss der spirituellen Aspekte der Großen Arkana. Daher haben wir den Karten im Feen Tarot-Deck ihre ursprüngliche Position wiedergegeben.

Da jede individuelle Tarot-Karte mehrere mögliche Bedeutungen enthält, empfehlen wir Ihnen, jede Beschreibung in diesem Handbuch zu konsultieren und sich von Ihrer Intuition zu der richtigen Interpretation im Rahmen des jeweiligen Readings führen zu lassen. Vertrauen Sie Ihren Engeln und Gefühlen, Sie zu führen.

Die Karten in diesem Deck sind reich an Symbolik, und auch die Illustrationen halten Antworten und Botschaften bereit. Während Sie mit diesem Deck arbeiten, werden die Abbildungen Ihnen helfen, Ihr Herz der Führung der »Engel der Natur«, d.h. den Feen, zu öffnen.

Achten Sie darauf, welche Aspekte der Abbildungen auf jeder Karte Ihre Aufmerksamkeit besonders wecken, da dies Teil Ihres Readings sein kann. Dieses Handbuch, zusammen mit Ihrer Intuition, wird Ihnen helfen, Antworten auf alle Ihre Fragen zu finden.

Wie Sie Ihre Feen Tarot-Karten benutzen können

Hier erfahren Sie, wie Sie die *Feen Tarot-Karten* vorbereiten und mit ihnen arbeiten können:

1. Schritt: Klären Sie Ihr Kartendeck

Ihre Karten sind sensitive Instrumente, und sie absorbieren Energie von jedem, der sie berührt. Es gibt keinen Grund, sich darüber Sorgen zu machen, da Sie die Karten gründlich klären können, indem Sie einfach die entsprechende Intention halten. Es ist empfehlenswert, Ihr Deck zu klären, bevor Sie es zum ersten Mal benutzen, und danach periodisch, je nachdem wie Sie sich angeleitet fühlen. Die Schritte 1 und 2 müssen nur wiederholt werden, nachdem eine andere Person Ihre Karten berührt hat oder es Ihren Readings an Klarheit mangelt, weil die Karten mit zu viel Energie verstopft sind. Die Energien anderer Menschen können zukünftige Readings auch dann beeinflussen, wenn diese Energien sehr rein waren. Aus diesem Grund ist es am besten, dafür zu sorgen, dass die von Ihnen benutzten Decks ausschließlich mit Ihrer Energie erfüllt sind.

Um Ihre Karten zu klären, halten Sie das Deck in einer Hand und wischen mit Ihrer anderen Hand darüber. Dann fassen Sie den Gedanken, die Karten klären zu lassen, und sagen ein Gebet, zum Beispiel: *»Lieber Gott, danke, dass du diese Karten von allem befreist, was nicht der göttlichen Liebe entspringt.«* Das beseitigt die alten Vibrationen, damit die Karten bereit sind, Ihre persönliche Energie aufzunehmen.

2. Schritt: Bereiten Sie die Karten vor

Berühren Sie kurz alle Karten, um sie mit Ihrer eigenen Energie vertraut zu machen. Es reicht, wenn Sie einfach eine Ecke jeder Karte berühren. Dann fächern Sie die Karten auf, mit den Abbildungen nach oben. Halten Sie den Kartenfächer an Ihr Herz und denken Sie an irgendein Gebet oder Intentionen, mit denen Sie es erfüllen möchten. Ihre Karten sind empfänglich für Ihre diesbezüglichen Wünsche.

Jetzt ist Ihr Deck erfüllt von Ihrer persönlichen Vibration und Ihren Wünschen.

3. Schritt: Stellen Sie eine Frage

Denken Sie an eine Frage, auf die Sie eine Antwort haben möchten. Falls Sie Karten für jemand anderen ziehen, bitten Sie ihn oder sie, an eine Frage zu denken oder sie auszusprechen. Der Himmel hört Ihre Gedanken, daher müssen Sie Ihre Frage nicht laut artikulieren.

4. Schritt: Mischen Sie die Karten

Denken Sie an die Frage, während Sie die Karten mischen, und bitten Sie den Himmel, Ihnen mit Antworten und Führung zu helfen. Während des Mischens sagen wir oft folgendes Gebet:

»Lieber Gott, ich bitte dich, dafür zu sorgen, dass nur reine und vertrauenswürdige Botschaften durch diese Karten kommen. Bitte beschütze meine Angehörigen und mich. Bitte hilf mir, die Botschaften, die du für uns hast, zu sehen, zu hören, zu fühlen und zu wissen. Ich bitte darum, dass dieses Karten-Reading allen Beteiligten Segen bringt.«

Wenn eine oder mehrere Karten beim Mischen aus dem Deck »springen«, legen Sie diese bitte zur Seite; sie werden Teil Ihres Readings sein.

Während Sie mischen, werden Sie wahrscheinlich Gefühle, Gedanken, Worte oder Visionen bemerken, die hochkommen. Diese inneren Botschaften werden Ihnen helfen, die gezogenen Karten zu verstehen, daher achten Sie bitte gut auf alles, was Sie fühlen, denken, hören und sehen.

Darüber hinaus werden Sie ein Gefühl oder inneres »Wissen« empfangen, dass Ihnen sagt, wann Sie genug gemischt haben; vielleicht hören Sie sogar die Worte: *Hör jetzt mit dem Mischen auf.* Sie können keinen Fehler machen und zu früh aufhören, da das kosmische Gesetz der Anziehung dafür sorgt, dass Sie immer die richtigen Karten ziehen. Daher übergeben Sie bitte jegliche Sorgen, etwas falsch zu machen, Gott und den Engeln.

5. Schritt: Wählen Sie eine Karte

Sobald Sie mit dem Mischen aufgehört haben, ziehen Sie irgendeine Karte aus dem Deck; es wird immer die richtige sein. Alle Karten sind positiv, daher müssen Sie keine Angst haben, die falsche zu ziehen. Welche Karte Sie auch ziehen, sie ist die Antwort auf Ihre Frage. Während Sie die Worte auf der Karte lesen, achten Sie auf jegliche Gedanken, zusätzlichen Worte, Gefühle oder Visionen, die hochkommen, da es sich dabei ebenso um Botschaften von Gott, den Engeln und den Feen handelt. Auch die Abbildung auf der Karte ist wichtig. Achten Sie darauf, wohin Ihr Blick geht, wenn Sie das Bild anschauen, und welche Gefühle Sie dabei haben. Alles, was Sie sehen und fühlen, ist Teil der Antwort auf Ihre Frage.

Falls Sie eine Karte (oder mehrere) beiseite gelegt haben, die beim Mischen aus dem Deck »herausgesprungen« ist, schauen Sie sich auch diese Karte genau an; auch sie enthält eine Botschaft für Sie.

6. Schritt: Lesen Sie dieses Handbuch

Lesen Sie die entsprechenden Botschaften in diesem Handbuch für jede Karte, die Sie gezogen haben. Beim Lesen der Worte achten Sie weiterhin auf alle Gedanken oder Gefühle, die sich melden, da auch sie Teil des Readings sind. Die Feen, in Zusammenarbeit mit Gott und den Engeln, werden Antworten und Führung für jeden Bereich Ihres Lebens übermitteln. Sie können sich selbst oder einer anderen Person ein fantastisches, kraftspendendes und hilfreiches Reading geben, auch als Anfänger(in)!

Drei Karten-Botschaften

Bei den *Feen Tarot-Karten* erhalten Sie die meisten Ihrer Antworten durch einfache Drei-Karten-Readings. Zum Beispiel können Sie den Tag beginnen, indem Sie Gott, die Engel und die Feen fragen: »Was muss ich im Hinblick auf den heutigen Tag wissen?«

Nachdem Sie den 3. und 4. Schritt abgeschlossen haben, nehmen Sie drei Karten von der Spitze des Decks. Mit den Worten und Abbildungen nach oben, legen Sie die erste Karte links neben sich, die zweite in die Mitte und die dritte nach rechts.

Die erste Karte ist Ihre Vergangenheit, die zweite Ihre Gegenwart, und die dritte Karte ist Ihre Zukunft. Sie können Ihre Zukunft jederzeit ändern, indem Sie das ändern, was Sie gegenwärtig tun.

Prüfen Sie, in welcher Weise sich diese drei Karten auf die von Ihnen gestellte Frage beziehen. Wie immer hören Sie auch jetzt auf Ihre Gefühle und Gedanken, während Sie die Karten betrachten. Sie sind Teil der Antwort auf Ihre Frage.

Traditionelle Auslegung (Keltisches Kreuz)

Das Keltische Kreuz, eine der bekanntesten und beliebtesten Auslegungen beim Tarot, kann benutzt werden, um Fragen über jedes beliebige Thema zu beantworten.

Diese Auslegung von 10 Karten enthüllt die Basis der Situation, der Ihre Frage gilt, die Herausforderung, die Vergangenheit, die Gegenwart, die nahe Zukunft und das voraussichtliche Resultat.

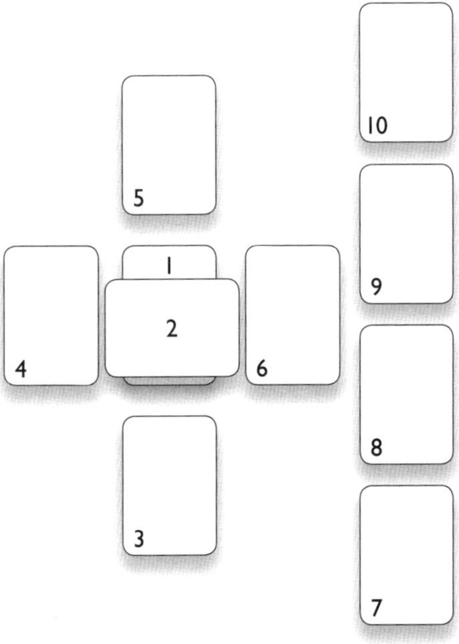

Nach Beendigung der Schritte 3 und 4, wie oben beschrieben, legen Sie zehn Karten mit den Abbildungen nach oben in der Anordnung aus, wie sie oben dargestellt ist.

- **Karte 1:** Der gegenwärtige Moment. Die Hauptsorge.
- **Karte 2:** Die Ursache der Herausforderung, die sich auf die erste Karte auswirkt.
- **Karte 3:** Unbewusste Einflüsse. Unbekannte Information. Die weit zurückliegende Vergangenheit.
- **Karte 4:** Die jüngste Vergangenheit. Eine Situation, die zu Ende gegangen ist.
- **Karte 5:** Die Gegenwart. Bewusste Glaubenssätze. Gegenwärtige Ereignisse.
- **Karte 6:** Die nahe Zukunft. Ein neuer Mensch oder Ereignis. Eine Veränderung der Energie.
- **Karte 7:** Ihre gegenwärtige persönliche Macht (oder Mangel an Macht). Wie Sie sich selbst in dieser Situation sehen.
- **Karte 8:** Die Wirkung von Menschen in Ihrem Umfeld auf Sie. Wie andere Sie in dieser Situation sehen.
- **Karte 9:** Ihre Hoffnungen oder Ängste.
- **Karte 10:** Das wahrscheinlichste Resultat

Im nächsten Abschnitt dieses Handbuchs werden Sie die Bedeutungen für jede einzelne Karte finden. Vergessen Sie nicht, Sie haben einen freien Willen und können Entscheidungen für jeden Aspekt Ihres Lebens treffen; und ebenso können Sie das Resultat jeder Situation durch Gebet, Visualisierung und positive Affirmationen verändern. Gott, die Engel und die Feen können helfen, Ihre Zukunft zum Besseren zu wenden, wenn Sie einfach darum bitten und offen sind für ihre Hilfe.

Die Bedeutung der Karten

Dieses Handbuch erklärt die allgemeinen Bedeutungen für jede Karte des *Feen Tarot-Decks.* Wie es für das Tarot traditionell üblich ist, werden zuerst die Großen Arkana nummerisch aufgeführt, gefolgt von den nicht nummerierten Karten der Kleinen Arkana, je nach Farbe (Jahreszeit) von As bis König.

Wenn Sie bereit sind, die Bedeutung einer Karte nachzuschauen, suchen Sie die entsprechende Seite und lesen die Interpretation und Symbolik für den Eintrag. Ihre innere Weisheit wird Ihnen sagen, ob irgendeine Information auf Sie zutrifft oder zusätzliche Einsichten bezüglich Ihrer Situation hervorruft. Und denken Sie immer daran, dass Ihre Intuition Ihnen noch weitere individuelle Botschaften von Gott, den Engeln und den Feen bieten wird; achten Sie also während des Lesens auf Ihre Gedanken und Gefühle.

Die Grossen Arkana

Die Großen Arkana bestehen aus 22 Karten, die wichtige Ereignisse und Wendepunkte in unserem Leben beschreiben. Die Karten der Großen Arkana können zudem die verschiedenen Phasen von der Kindheit bis ins hohe Alter repräsentieren. Jede Karte ist nummeriert, wie es traditionell im Tarot üblich ist.

0
Der Träumer

Der erste Schritt, um einen Traum wahr zu machen, besteht darin, zu glauben. Glück und Selbstvertrauen beginnen mit einem Akt des Glaubens und der Zuversicht. Deine Träume wurden dir aus einem guten Grund geschickt! Glaube an dich selbst. Was hält dich zurück? Lass deine Ängste los und entscheide, den Wünschen deines Herzens zu folgen.

Du hast diese Karte gezogen, weil du angeleitet bist, deine Lebensaufgabe zu erfüllen. Die Feen bitten dich, dies freudig und auf eine spielerische Weise zu tun! Beginne deine persönliche Transformation, indem du vertrauten, hilfsbereiten Menschen von deinen Intentionen erzählst. Wenn wir unsere Pläne verbal zum Ausdruck bringen, wächst damit unsere Hingabe und Bereitschaft, weiterzugehen. Unsere Hoffnungen auszudrücken hilft uns, mutig zu unseren Überzeugungen zu stehen und echte Veränderungen herbeizuführen.

Unsere Träumerin steht am Fuße eines Berges, auf dem der Glastonbury-Tor steht, ein heiliger Turm, gewidmet dem machtvollen Erzengel Michael. Dies ist symbolisch für den Beginn deiner Reise, mit dem langen Aufstieg unter der Führung und dem Schutz von Gott und Erzengel Michael.

Zusätzliche Bedeutungen dieser Karte: Zeit für einen Neuanfang! Offen sein für neue Ideen. Ein neues Abenteuer beginnen. Ein Risiko eingehen. Keine Beschränkungen. Annehmen deiner wahren Aufgabe im Leben.

1 Der Magier

Es gibt nichts, was du nicht erreichen kannst! Die Feen sind magische Wesen und können dir helfen, alles zu manifestieren, was du brauchst, um erfolgreich zu sein. Die benötigten Mittel werden einfach auf wundersame Weise zu dir kommen: Geld, innovative Ideen, kreative Fähigkeiten oder Freunde, die bereit sind, auszuhelfen. Zu verstehen und zu schätzen, was du bereits hast und was du noch brauchst, erlaubt den Feen, dir die perfekten Geschenke zu schicken.

Du besitzt erstaunliche Fertigkeiten und kreative Talente, auf die du jederzeit zugreifen kannst. Darüber hinaus ist es jedoch weise, guten Rat von erfahrenen Personen einzuholen. Erlaube anderen, Türen für dich zu öffnen oder dich jenen vorzustellen, die dir die optimale Richtung zeigen werden.

Unser Magier hat seinen Aufstieg zum Glastonbury Tor vollbracht, wo er zusätzliche Weisheit und Schutz fand. Jetzt geht er den leichteren Teil des Weges, hinunter in die Ebene.

Zusätzliche Bedeutungen dieser Karte: Du nimmst die Kontrolle über dein Leben an. Die Fähigkeit, alles zu tun, was du tun willst. Erfolg durch ausgezeichnetes Training. Das Talent, Großes zu erreichen. Visualisieren deiner Hoffnungen und Träume.

2
Die Hohepriesterin

Die Hohepriesterin erscheint, um dir zu versichern, dass deine spirituellen Gaben real und deine intuitiven Einsichten zutreffend sind. Sie möchte dich wissen lassen, dass Spiritualität nicht mehr geheim ist. Daher lässt die hohe Frau dich an all der Weisheit teilhaben, die sie in der Hoffnung angesammelt hat, dass du sie benutzt, um bedeutende Einsichten über dich selbst zu gewinnen.

Die wichtigsten Enthüllungen kommen aus deinem Inneren. Versuche, Zeit in Meditation zu verbringen oder lange, besinnliche Spaziergänge in der Natur zu unternehmen. Stelle dir die Frage: Was möchte ich wirklich? Folge ich meinem eigenen Weg oder versuche ich nur, andere glücklich zu machen? Glück kommt aus dem Wissen, dass die Entscheidungen, die du triffst, zu deinem Besten sind.

Dein Körper ist ein machtvolles, intuitives Instrument, das dich in die optimale Richtung führen kann. Achte auf deine emotionalen Reaktionen bezüglich verschiedener Optionen, die dir angeboten werden, und betrachte sie als einen Kompass, der dich auf deinem Weg führen wird. Diese Karte zeigt an, dass deine außersinnlichen Fähigkeiten im jetzigen Moment sehr stark sind. Du kannst deinen Instinkten jederzeit vertrauen.

Unsere Hohepriesterin steht vor den Ruinen der Glastonbury Abbey (Abtei), dem ehemaligen Ort religiöser und politischer Auseinandersetzungen. Mit ihrem aufgeschlagenen Buch steht die Hohepriesterin symbolisch für das Akzeptieren der vielen spirituellen Wege hin zur Liebe Gottes.

Zusätzliche Bedeutungen dieser Karte: Wichtige nächtliche Träume. Spirituelles Wissen oder Erleuchtung. Erst planen, dann handeln. Informationen sammeln, um später zu entscheiden. Behalte deine Strategien im Moment noch für dich.

3
Die Herrscherin

Die Phase der Planung für deine Unternehmung ist jetzt abgeschlossen. Glückwunsch! Du hast ausgezeichnete Arbeit geleistet, indem du herausgefunden hast, was du erreichen willst und was du brauchst, damit es ein Erfolg wird. Jetzt ist die Zeit da, aktiv zu werden! Kein Grübeln mehr über die perfekte Strategie. Falls es ein Detail gibt, das in deinen Plänen zu fehlen scheint, wird es sich dir enthüllen, während du deinen Weg gehst. Also richte deinen Blick fest auf den Horizont und fang an!

Vor allem kreative Unternehmungen sind in dieser Zeit begünstigt. Dazu gehört vielleicht der Wunsch, ein Kind zu haben oder ein neues Projekt in Angriff zu nehmen, dass du als dein »Baby« betrachtest. Wann immer möglich versuche, jedem Schritt auf deinem Weg ein künstlerisches Flair zu geben. Erfülle deine Aufgaben, die großen wie die kleinen, mit Freude und dem Wissen, dass nichts dich zurückhalten kann!

Unsere Herrscherin steht auf dem Vorplatz einer Kapelle, symbolisch für die Quelle von Inspiration. Der Säugling mit dem Hut im Inneren einer Zuckererbsen-Hülse zeigt der Herrscherin die Wichtigkeit, etwas Neues ins Leben zu rufen. Das kann die Geburt eines Kindes oder der Beginn einer aufregenden neuen Unternehmung sein!

Zusätzliche Bedeutungen dieser Karte: Harte Arbeit, die sich auszahlt. Erfindungskraft. Erfolgreiche Unternehmungen. Eine Vorliebe für luxuriöse Dinge. Vieles erledigen können. Fürsorglich mit sich selbst oder anderen umgehen. Mutterfiguren. Schwangerschaft und Geburt.

4
Der Herrscher

Jeder Traum braucht Liebe und Hingabe, um sich zu entfalten, doch ebenso braucht er sorgfältiges Denken und klare Führungsqualitäten. Sich gut zu organisieren mit einem methodischen Plan kann bei der Erfüllung deiner Lebensaufgabe wichtig sein. Es ist sehr leicht, dich in der Begeisterung für deine Träume zu verlieren und die wichtigen Einzelheiten zu vergessen. Gute Vorbereitung wird dir eine Menge Zeit sparen, die du nutzen kannst, um deine Pläne zu verwirklichen.

Du hast das Zeug dazu, ein fähiger und sympathischer Führer zu sein! Um deine Vision zu kommunizieren, finde Worte, die sowohl inspirieren als auch deine tiefempfundene Sorge für die Menschen um dich herum zeigen. Suche dir weisen Rat von Personen, die Erfahrung haben.

Der Globus an der Spitze des Herrscherstabes weist darauf hin, dass sein hauptsächlicher Fokus den Sorgen der Welt dient, was ein gesundes Urteilsvermögen erfordert. Doch das Herz zeigt an, dass auch Empathie und Verständnis für andere Teil seines Entscheidungsprozesses sind. Der Herrscher steht unter einem rosafarbenen Fenster, symbolisch für die 12 Jünger Jesus sowie die Wichtigkeit von Teamwork, Unterstützung und Führerschaft.

Zusätzliche Bedeutungen dieser Karte: Die Dinge logisch durchdenken. Weltlicher Erfolg. Sich auf den Intellekt verlassen. Tägliche Belange mit dem übergeordneten Bild in Einklang bringen. Vaterfiguren. Verantwortung für andere übernehmen.

5
Einheit

Den traditionellen Weg zu kennen, wie man Dinge tut, kann zuweilen sehr effektiv sein. Zu anderen Zeiten jedoch müssen wir aus der Norm ausbrechen und über neue und kreative Arten nachdenken, unsere Ziele zu erreichen. Verschiedene Methoden – alte und neue – mit Personen zu diskutieren, denen du vertraust, kann dir helfen herauszufinden, welcher Philosophie du zu einer gegebenen Zeit am besten folgen solltest. Wenn deine Ziele auf Widerstand stoßen, kann dies an der Methode liegen, die du anwendest, um sie zu erreichen und nicht an einem Makel deines tatsächlichen Plans. Bezüglich der für dich richtigen Strategie sei offen für die Sichtweise von Menschen, die dein Vertrauen genießen.

Eine hilfreiche Gruppe von Freunden und einen spirituellen Lehrer um sich zu haben, der praktiziert, was er predigt, wird dich inspirieren und dir erlauben, deine Arbeit mit Selbstvertrauen und Überzeugung zu tun. Es ist wichtig, bei jedem Aspekt des Lebens stets auf dem Pfad der Integrität zu bleiben. Das Gesetz der Anziehung belohnt jene, die ihren Träumen folgen, während sie in ihrem Umgang mit anderen ehrlich und wahr bleiben. Schließen Sie sich Organisationen oder Menschen an, die sich durch hohe spirituelle Ideale auszeichnen.

Zusätzliche Bedeutungen dieser Karte: Aus den richtigen Gründen das Richtige tun. Deinen Prinzipien treu bleiben. Ein spiritueller Lehrer für andere sein oder sich um Führung an einen Mentor wenden. Respekt vor Älteren oder der Vergangenheit. Die Macht des Gebetes.

6
Die Liebenden

Du hast magische und langewährende Liebe verdient! Die Feen treten für Liebesbeziehungen und tiefe Freundschaften für jeden ein. Diese Karte weist darauf hin, dass du dabei bist, eine für dein Leben bedeutende Beziehung einzugehen. Falls du bereits in einer solchen Beziehung bist, signalisiert diese Karte, dass positive Veränderungen zum jetzigen Zeitpunkt möglich sind und angestrebt werden sollten. Die Art von Liebesbeziehung, die diese Karte ankündigt, ist machtvoll und beruht häufig auf einer Past Life-Verbindung.

Darüber hinaus bezieht sich diese Karte auf die Notwendigkeit, eine wichtige Entscheidung zu treffen. Ob diese Entscheidung mit Beziehungsthemen zu tun hat oder nicht, – in jedem Fall wird sie eine starke emotionale Auswirkung haben. Hierbei handelt es sich nicht um eine intellektuelle Entscheidung; vielmehr ist es eine Wahl, die aus dem Herzen kommt – und während du vielleicht auch noch nicht weißt, was du tun sollst, wirst du mit absoluter Sicherheit fühlen, welches Vorgehen richtig ist.

Den Kraftlinien des Heiligen Grals von Glastonbury aus folgend, werden unsere Liebenden in Rosslyn Chapel, Schottland, die mit Holzschnitzereien von Symbolen der Grals-Mysterien geschmückt ist, einander vermählt. Die bunten Glasfenster zeigen eine Darstellung des Heiligen Franziskus von Assisi, ein Hinweis auf reine, spirituell basierte Liebe in dieser Verbindung zusammen mit dem Bild eines Militärpiloten, was Hingabe, Mut und freiwillige Verpflichtung in der Ehe symbolisiert.

Zusätzliche Bedeutungen dieser Karte: Verlobung oder Heirat. Wahre Liebe. Gegensätze ziehen sich an. Die emotionale Unterstützung anderer Menschen suchen. Ausgezeichnete Gesundheit.

7
Der Wagen

Du hast bisher großartige Arbeit geleistet! Doch zweifellos gibt es noch viele Prioritäten, die dich in dieser Zeit beschäftigen. Vielleicht bist du aufgerufen, die Kontrolle über mehr als eine treibende Kraft zu behalten. Verweile in deiner Mitte, stark und entschlossen. Bleibe unerschütterlich in deiner Zielstrebigkeit und lass nicht zu, dass andere Einflüsse dich vom Weg abbringen. Du kannst sehr viel mehr erreichen, als dir bewusst ist.

Dies ist deine Stunde, ins Rampenlicht zu treten! Aufmerksamkeit auf dich oder deine Arbeit zu ziehen, kann sich bisweilen befremdlich anfühlen, ist jedoch zu diesem Zeitpunkt absolut essenziell! Sei ganz du selbst und voller Optimismus bei deinen Interaktionen sowohl mit Einzelpersonen als auch mit der Öffentlichkeit, und die Begeisterung für deine Ziele wird durchscheinen, andere inspirieren und dein Selbstvertrauen stärken.

Unsere Wagenlenkerin führt ein Gespann von zwei Libellen. Diese magischen Wesen haben die Fähigkeit, in jede Richtung zu gehen – und das mit unglaublicher Geschwindigkeit! Die Tatsache, dass unsere Wagenlenkerin in der Lage ist, die Libellen unter Kontrolle zu halten und die angestrebte Richtung beizubehalten, ist ein Zeugnis für ihre Entschlossenheit und ihr Können.

Zusätzliche Bedeutungen dieser Karte: Selbstkontrolle. Sieg! Das Erreichte feiern. Träume wahr machen. Transportmethoden. Reisen in Verbindung mit deiner Arbeit.

8
Gerechtigkeit

Gerade jetzt ist es sehr wichtig, dass du an deinen Prinzipien festhältst. Vertraue darauf, dass deine Meinungen richtig sind, und im Laufe der Zeit wird es jedem klar. Erlaube anderen nicht, dir deine Glaubenssätze oder Prioritäten auszureden. Vergiss nicht, neutral und objektiv zu sein, wenn du aufgefordert wirst, Entscheidungen zu treffen, die mit anderen Menschen zu tun haben. Doch muss Objektivität immer im gleichen Maße durch Mitgefühl ausgeglichen werden.

Wenn diese Karte gezogen wird, kannst du sicher sein, dass sich Situationen in deinem Sinne entwickeln werden. Deine Seite wird bei Schlichtungen, gerichtlichen Entscheidungen und Entscheidungen von denen, die Macht haben, klar gesehen und verstanden werden.

Unsere Feen-Zwillinge stehen vor Excalibur, dem legendären Schwert von König Artus. Dieses Schwert war berühmt dafür, nur von jenen benutzt werden zu können, die dessen würdig waren und ein reines Herz hatten.

Zusätzliche Bedeutungen dieser Karte: Dir über deine Ziele klar werden. Ein Verfechter der Wahrheit sein. Faire und objektive Urteile. Gut durchdachte Entscheidungen treffen. Einstehen für das, was richtig ist. Dokumente vor dem Unterschreiben aufmerksam überprüfen.

9
Der Eremit

Du bist nie allein! Selbst wenn es den Anschein hat, bist du in Wahrheit umgeben von Gott, den Engeln und den Feen, die dir helfen möchten. Du kannst sie jederzeit um Unterstützung bitten, und sie werden deinen Weg hin zu Frieden und Glück erhellen.

Es ist wichtig, dass du stets dein Licht strahlen lässt, damit andere Menschen in deine Fußstapfen treten können. Auf diese Weise bist du für sie ein

Leuchtfeuer der Inspiration. Versuche so zu sein wie die Menschen, die du bewunderst, damit andere auch von dir lernen können. Vielleicht ist sogar die Zeit für dich gekommen, als Lehrer oder Mentor für Menschen tätig zu sein, die nicht wissen, welche Richtung sie einschlagen sollen.

Unser Eremit hält einen vergoldeten Davidstern in Händen, ein Symbol für himmlische Führung und die Abstammung von König David.

Zusätzliche Bedeutungen dieser Karte: Eine erholsame Pause von gesellschaftlichen Verpflichtungen. Nachdenken über die Geheimnisse des Lebens. Suche nach Erleuchtung. Wiederverbindung mit der Quelle.

10
Das Rad

Kein Zögern und Aufschieben mehr – es ist Zeit, den nächsten Schritt zu tun! Die Feen bereiten die optimalen Voraussetzungen für eine bevorstehende magische Zeit, die dir erlauben wird, einige lang erhoffte Veränderungen vorzunehmen. Diese Karte kündigt freudige Synchronizitäten an; das Glück wird dir gnädig sein, und Erfolg in jeder Hinsicht ist dir gewiss! Vergiss nicht, dass die Feen vielleicht schon begonnen haben, die Dinge ins Laufen zu bringen, doch es liegt an dir, in Bewegung zu kommen.

Deine plötzliche Aktivität kann unter Umständen erfordern, dass du noch ein wenig mehr recherchieren musst. Wenn du dich genötigt fühlst, Antworten auf offene Fragen zu suchen, dann tue es mit vollem Einsatz und Optimismus. Suche die Gesellschaft von positiven Menschen, die dich aufmuntern können und deinem Erfolg Beifall spenden.

Auf dieser Karte sitzt eine Fee an einem Spinnrad und spinnt wunderschöne Goldfäden. In diesem Fall jedoch erschafft die Magie des Rades Wellen über Wellen goldenen Haares für die Fee – ein sehr persönliches Symbol des Wohlstandes, der dich erwartet.

Zusätzliche Bedeutungen dieser Karte: Neue Türen öffnen sich. Ein Glücksfall. Die Macht positiver Veränderung. Fortschritte machen. Optimistisch bleiben in Bezug auf deine Träume. Wie man in den Wald ruft, so schallt es heraus. Ein neues Auto oder Reisen.

11
Innere Kraft

Die Goldene Regel fordert uns auf, andere zu behandeln, wie wir selbst behandelt werden wollen. Wenn du den Menschen in deiner Umgebung mit Freundlichkeit und Respekt begegnest, werden sie sich zu dir wie zu einer Quelle der Kraft hingezogen fühlen. Den Mut zu haben, zu deinen Überzeugungen zu stehen, wird dich alle Herausforderungen meistern lassen – die großen wie die kleinen.

Du bist eine sehr sensitive und fürsorgliche Seele – was eine Stärke ist, keine Schwäche! Hab keine Angst, deine Empathie für andere zu zeigen, und gleichzeitig für dich selbst einzustehen. Falls es nötig ist, erlaube dir, Nein zu sagen.

Unsere Fee steht neben dem Löwen und dem Lamm. Dies ist ein Symbol dafür, dass Sanftmut und Stärke zusammengehören.

Zusätzliche Bedeutungen dieser Karte: Die Macht der Freundlichkeit. Dir selbst und anderen vergeben. Durch Anmut und Willenskraft Hindernisse überwinden. Geduld haben mit den Menschen in deiner Umgebung. An dich selbst glauben.

12
Erwachen

Es ist Zeit, die Perspektive zu wechseln. Deine Herausforderungen mit anderen Augen zu sehen kann dir helfen, neuen Auftrieb zu bekommen oder eine stagnierende Situation zu beenden. Bitte Gott, die Engel und die Feen, dir Zeichen zu geben, die dir helfen werden, Dinge in einem völlig neuen Licht zu sehen. Diese Karte kann auch erscheinen, um dich daran zu erinnern, wie wundervoll, vielseitig und zauberhaft du bist! Wenn andere Menschen Eigenschaften an dir bewundern, die du vielleicht als

»sonderbar« oder »ungewöhnlich« bezeichnet hast, wirst du vielleicht jetzt die ungeheure Kraft und das Potenzial sehen, das darin liegt, einfach dein einzigartiges Selbst zu sein.

Dies ist eine Karte der Wohltätigkeit und Freundlichkeit. Genauso wie die Feen bereit sind, dir auf deinem Weg zu helfen, wirst du gebeten, das Gleiche für andere zu tun, die Beistand brauchen. Es ist wunderbar, anderen Hilfe und Mitgefühl zu geben. Vergiss jedoch nicht, das Gleichgewicht aufrechtzuerhalten, damit du nicht in ein ungesundes Muster übermäßigen Gebens verfällst.

Der Feen-Jüngling auf der Karte steht auf dem Kopf, was ihm eine völlig neue Möglichkeit gibt, über seine Situation nachzudenken. Das traditionelle Yin-Yang-Symbol ruht auf seinen Füßen, während er das perfekte Gleichgewicht in seinem Leben sucht.

Zusätzliche Bedeutungen dieser Karte: Ein neuer Gesichtspunkt. Jenseits dessen sehen, was offensichtlich ist. Verborgenes Handeln bei scheinbarem Stillstand. Erforschung deiner vergangenen Leben. Geben, damit anderen Gutes widerfährt.

13
Loslassen

Du kannst aus deiner Vergangenheit lernen und mit dem Gelernten weitergehen – oder dich davon zurückhalten lassen. Das gilt für jeden Aspekt deines Lebens, seien es Beziehungen, Beruf oder Gesundheit. Wenn ein Festhalten an deiner persönlichen Geschichte deinen Fortschritt und deine Freude blockiert, ist es an der Zeit, die Vergangenheit loszulassen und kühn in eine aufregende, neue Richtung zu gehen!

Häufig werden die Veränderungen, die in dein Leben kommen, von dir erwartet oder sogar begrüßt. Wenn ein Weitergehen auch eine Herausforderung darstellen kann, möchten die Feen dich wissen lassen, dass du eine strahlende, magische Zukunft vor dir hast. Warte nicht länger! Begib dich gleich heute auf den Weg zu deinem Glück!

Die herrlichen Pfauenfedern unserer Fee und die weißen Rosen um sie herum repräsentieren Reinheit und Unsterblichkeit.

Zusätzliche Bedeutungen dieser Karte: Weitergehen. Die Freiheit, Dinge zu verändern. Ein Ende, das den Weg frei macht für neue Möglichkeiten. Transformation. Reinkarnation.

14
Balance

Jetzt ist die Zeit, offen zu sein für Kompromisse und Zusammenarbeit mit anderen. Zu einer perfekten Lösung gehört, dass der Beitrag jedes Einzelnen berücksichtigt und das Ganze sich in einer Win-Win-Situation zusammenfügt, die jeder akzeptieren kann.

Es ist an der Zeit, eine Pause einzulegen, ein paar tiefe Atemzüge zu nehmen oder sogar hinauszugehen in die Natur und einen Spaziergag mit den

Feen zu machen. Bitte sie, jegliche Ängste, die du vielleicht hast, zu beseitigen, damit du deinen inneren Frieden wiederfinden kannst. Diese Zeit der Reflektion kann dir helfen, neue und kreative Lösungen zu finden. Sei offen für diese Ideen, die sich ergänzen können, um unerwartete und aufregende Resultate zu erzielen.

Unsere Fee steht vor dem mächtigen Löwen an der Quelle von Chalice Well. Blutrotes Eisenerz im Wasser repräsentiert die weibliche Energie, während das helle Wasser für die männliche Kraft steht. Der Kelch fängt beides auf und symbolisiert so das Gleichgewicht zwischen den männlichen und weiblichen Kräften in jedem von uns. Diese beiden Energien sind von gleicher Wichtigkeit, wenn es um Erschaffung, Gesundheit, Erfolg und Glück geht.

Zusätzliche Bedeutungen dieser Karte: Mäßigung und Selbstbeherrschung. Gesichtspunkte zusammenbringen, um eine optimale Möglichkeit zu schaffen. Sich Zeit nehmen und nichts überstürzen. Eine Reaktion, die der Situation angemessen ist.

15
Ego

Glück kann schwer zu fassen sein, wenn du dir nicht klar bist über deine Prioritäten, Motivationen und Verhaltensweisen. Dir Zeit zu nehmen für Selbstbesinnung gibt dir die Gelegenheit, wichtige persönliche Epiphanien zu erfahren und Selbstvergebung zu praktizieren. Erkenne, wer du in Wahrheit bist. Lass alle Aspekte los, die dir nicht länger dienen. Lass Schuldgefühle, Angst und Vorwürfe gehen. Habe Mitgefühl für dich selbst. Schau in den Spiegel und sage dir: Ich liebe dich dafür, dass du in diesem Moment göttlich perfekt bist.

Entgifte dich von schädlichen Nahrungsmitteln, Substanzen oder Personen. Stelle dich deinen Ängsten und befreie dich von jeglichen Beschränkungen oder selbstgestellten Fallen. Gib dir selbst die Erlaubnis, frei zu sein!

Unsere Feen-Freunde stehen vor einem traditionellen Keltischen Beltane-Feuer, einer heiligen Frühlingszeremonie, um das Alte loszulassen – Schuldgefühle, Angst, Vorwürfe sowie andere Produkte des Egos – und das Neue willkommen zu heißen.

Zusätzliche Bedeutungen dieser Karte: Bestimmen, was die Ursache ist und was die Symptome. Zu viel Bedeutung auf das Materielle legen. Sich in Angst und Sorgen verfangen. Abhängigkeit oder Suchtverhalten.

16
Lebenserfahrung

Veränderung kann beunruhigend und verwirrend sein, doch muss es nicht etwas sein, das du fürchten musst. Gott liebt dich, und alle neuen Gelegenheiten, die deines Weges kommen, sind dazu ausersehen, dein Leben reicher und erfüllender zu machen. Bitte Gott, die Engel und die Feen, dir Zeichen zu geben, die dich zu allem führen, was dynamisch und erhebend ist.

Halte deinen Blick auf die Zukunft gerichtet. Welche Veränderungen siehst du kommen? Welche Pläne könntest du machen, und wie könntest du dich vorbereiten, um den Weg hin zu Glück und Erfüllung weiterzugehen? Wenn du den Himmel nach bevorstehenden Herausforderungen absuchst, kannst du jedes Unwetter bestehen und dich zu neuen, aufregenden und heiteren Horizonten aufmachen!

Unsere Feen-Freunde stehen vor dem Tor des heiligen Michael, bereit, um Führung und Richtungsweisung hinsichtlich deiner nächsten Schritte zu beten.

Zusätzliche Bedeutungen dieser Karte: Die Notwendigkeit wichtiger Veränderung. Spirituelles Erwachen. Die Wahrheit erkennen. Glaubenssysteme loslassen, die nicht länger dienlich sind. Weckrufe.

17
Der Stern

Jetzt ist an der Zeit, deinem Glauben zu folgen! Probleme schwinden dahin, indem die Freude, die aus dem wahren Glauben kommt, deinen Weg wie einen klaren, sternenübersäten Himmel beleuchtet. Das Leben hat wundervolle, magische Überraschungen für dich auf Lager. Jetzt ist kein Raum für Selbstzweifel.

Richte deinen Blick voller Hoffnung und Optimismus auf die Zukunft. Gott, die Engel und die

Feen können dir helfen, alles zu manifestieren, was du brauchst auf deinem Weg zu einem glücklichen Leben oder einer erfüllenden Aufgabe. Vertraue dir selbst und deinen Fähigkeiten. Erlaube deinem Glauben zu wachsen. Wie die Sternenkonstellationen am Himmel wird er dich zu tiefen und erfüllenden spirituellen Einsichten führen.

Unsere Fee öffnet den Brunnen des Kelches und setzt traditionelle Heilungs- und Manifestationsenergie für dich frei.

Zusätzliche Bedeutungen dieser Karte: Glaube versetzt Berge. An deine Zukunft glauben. Glücksfall. Licht am Ende des Tunnels. Plötzliches Wissen, was zu tun ist. Spirituelle Freude.

18
Der Mond

Das Universum schickt dir in diesem Moment Botschaften über deine optimalen nächsten Schritte. Höre auf die Führung, die du in Form von Intuition, synchronistischen Ereignissen, Symbolen und nächtlichen Träumen erhältst. Achte auf Personen oder Situationen, die vielleicht nicht sind, was sie zu sein scheinen. Gib dir selbst ein Reading oder sprich mit einem Berater oder Freund, der ebenso wie du intuitiv und offen ist. Nimm die liebevolle Botschaft, die du empfängst, voll an ... sie ist göttlich inspiriert!

Sorgen und Bedenken sind unnötig und werden deinen Fortschritt nur aufhalten. Es gibt keinen Grund, Angst zu haben. Lass alle Befürchtungen los. Falls irgendein Teil deines Lebens sich nicht länger richtig anfühlt, dann vertraue deiner Intuition und nimm die notwendigen Veränderungen vor.

Unsere Fee spielt ein Saiteninstrument unter dem Licht des aufgehenden Mondes. Ihre Reflektion im Wasser zeigt jedoch, dass sie ein anderes Instrument spielt – was darauf hinweist, dass im Licht des Mondes die Dinge nicht immer sind, was sie zu sein scheinen.

Zusätzliche Bedeutungen dieser Karte: Hellsichtige Wahrnehmung. Sehen, was du zuvor nicht gesehen hast. Angst loslassen. Deine intuitiven Fähigkeiten beruflich nutzen und Readings geben. Verborgene Information. Die Macht deiner nächtlichen Träume.

19
Die Sonne

Du hast großen Erfolg gehabt, und es kommt noch mehr! Wende dein Antlitz der Sonne zu, öffne deine Arme und nimm die Segnungen an, die jetzt direkt vom Himmel zu dir strömen. Du darfst dich auf die Morgenröte brillanter, neuer Ideen freuen, die zu wundervollen Gelegenheiten führen werden.

Du bist ein herrliches, strahlendes Kind Gottes. Du bist einzigartig im Universum, und die Welt braucht dich genau so, wie du bist. Geh voran und blase in dein eigenes Horn! Vergiss nicht, dass es wichtig ist, dich selbst mit der gleichen Freundlichkeit, Respekt und Fürsorge zu behandeln, die du einem besten Freund oder geliebten Partner angedeihen lassen würdest.

Unser Feen-Held reitet auf einem Einhorn durch ein Feld von Sonnenblumen. Das Einhorn symbolisiert die Reinheit seiner Intention, während die Sonnenblumen ein Gefühl von Glück und Zufriedenheit hervorrufen.

Zusätzliche Bedeutungen dieser Karte: Erfolg. Erfüllung. Öffentliche Anerkennung. Erleuchtung. Freudiges Zelebrieren. Rückkehr zur Gesundheit.

20 Erneuerung

Es ist Zeit für eine Erneuerung! Schau dir an, was du bisher im Leben gelernt hast. Wohin möchtest du als nächstes gehen? Dies ist ein Moment für dich, wo du dich von Grund auf neu erfinden und die Zukunft formen kannst, die du dir wünschst. Um jedoch erfolgreich dein Ziel zu erreichen, brauchst du eine sehr gute Landkarte. Visualisiere die glücklichste Zukunft, die du dir vorstellen kannst, und beginne, die entsprechenden Schritte vorzunehmen. Fühle dich frei, einen lieben Menschen zu bitten, dir bei der Planung deiner Reise zu helfen.

Achte besonders auf Inspirationsblitze und originelle, kreative Ideen. Diese Epiphanien sind Teil deiner Lebensaufgabe und dazu ausersehen, dich auf deinem Weg zur Freude zu führen.

Unseren Feen hat sich Josef von Arimathäa beigesellt, der ursprüngliche Hüter des Heiligen Grals in Glastonbury. In späteren Jahren ließ Josef sich einen Bart wachsen, was dich vielleicht an Sankt Nikolaus erinnert, der seine Liste in Händen hält und unter dem heiligen Weißdornbaum sitzt, der nur zu Weihnachten und Ostern blüht. Hase und Schmetterling auf der Karte symbolisieren den Frühling, um metaphorisch die Entwicklung vom Winter zum Frühling in deinem Leben zu zeigen.

Zusätzliche Bedeutungen dieser Karte: Ein wichtiger Meilenstein. Dinge in einem völlig neuen Licht sehen. Die Aufforderung, dein Schicksal zu erfüllen. Urteile über dich selbst und andere loslassen. Deine Lebensaufgabe verstehen.

21
Die Welt

Bravo! Es ist Zeit, dich zu verbeugen, da alle unglaublich stolz auf dich und die Fortschritte sind, die du gemacht hast. Sieh deinen eigenen Erfolg als eine Möglichkeit zu bekräftigen, wie machtvoll und kreativ du bist. Genau wie deine Feen-Freunde hast auch du in diesem Moment magische Fähigkeiten. Sei furchtlos bei der Wahl deiner nächsten großartigen Leistung.

Die Zeit ist gekommen, deine spirituelle Entwicklung zu fördern. Setze deine Reise auf dem Weg der Erleuchtung fort, der darüber hinaus der Weg der Freude ist!

Unsere Fee von der Karte »Der Träumer« hat ihre Reise erfolgreich beendet! Auf ihrer Krone und ihren Schuhen trägt sie das Symbol für Unendlichkeit, was darauf hindeutet, dass sie jetzt ein völlig neues Abenteuer beginnen kann, wenn sie es wünscht.

Zusätzliche Bedeutungen dieser Karte: Eine Reise, die jetzt zu Ende ist. Großartige Leistungen. Neuanfänge. Die Freiheit, in jede gewünschte Richtung zu gehen. Ein Gefühl der Vollendung.

Die Kleinen Arkana

Von jetzt an sind die Karten nicht nummeriert, so wie es im traditionellen Tarot üblich ist. Die Kleinen Arkana der *Feen Tarot-Karten* bestehen aus vier Farben (oder Gruppen). Diese Farben sind *Frühling, Sommer, Winter und Herbst* und beziehen sich auf Stäbe, Kelche, Schwerter und Münzen. Jede Gruppe besteht aus 14 Karten, von As bis König, ähnlich wie in normalen Spielkarten.

Während die Großen Arkana dazu tendieren, wichtige Ereignisse im Leben widerzuspiegeln, repräsentieren die Kleinen Arkana unser alltägliches Leben. Die Hofkarten der Kleinen Arkana *(Prinzessin, Prinz, Königin und König)* in diesem Deck sind dazu gedacht, Ihren Fokus auf die Personen zu richten, mit denen Sie in Ihrem Leben zu tun haben. Zuweilen werden die Karten auch Sie selbst repräsentieren oder die Art, wie Sie auf andere wirken. Darüber hinaus können sie jedoch ebenso eine Situation wiederspiegeln, die einen bestimmten Menschen repräsentiert oder seine Rolle in der Situation.

Rufen Sie sich in Erinnerung, dass die Geschlechtszugehörigkeit auf der jeweiligen Hofkarte nicht als bindende Regel zu betrachten ist. Wenn Sie eine Karte ziehen, die eine weibliche Figur darstellt, ihre persönlichen Eigenschaften für Sie jedoch wie die eines Mannes klingen, den Sie kennen, dann sollten Sie Ihrer intuitiven Führung folgen und diese Karte so interpretieren, als würde sie sich auf den Mann beziehen.

Die Karten des Frühlings

Der Frühling ist die Jahreszeit, wo die Schöpfung erneut beginnt. Blumen blühen, Tiere bekommen Junge, die Erde wärmt sich auf, und die Herzen vieler Menschen werden mit neuer Hoffnung erfüllt. Der Frühling ist die Zeit, in der aufregende Dinge zu passieren beginnen!

Außerdem enthält diese Gruppe die Karten des Handelns! Sie symbolisieren, wie wir im Hinblick auf unsere Passionen und Kreativität aktiv werden, der Welt unsere Begeisterung zeigen und den Mut haben, zu unseren Überzeugungen zu stehen. In den Karten des Frühlings finden wir den Beruf, der uns erfüllt; wir offenbaren unsere künstlerischen Talente und lernen, wie erstaunlich und wunderbar wir sind. Vielleicht werden wir sogar die Welt verändern!

Im traditionellen Tarot spiegelt diese Gruppe das Element des Feuers und die Stäbe wider.

As des Frühlings

Jetzt ist es Zeit, zu handeln! Die Fee des Frühlings präsentiert dir eine wundervolle neue Gelegenheit, die dir ermöglichen wird, das zu erreichen, was du dir wünschst. Deinen vorsichtigen Hoffnungen wachsen jetzt Flügel, und das Einzige, was von dir benötigt wird, ist der Mut, die Dinge zu Ende zu führen. Sei kühn, sei furchtlos und folge freudig den Träumen. die du am meisten liebst!

Solltest du noch nicht jedes kleinste Detail ausgearbeitet haben, lass dich davon nicht zurückhalten. Alle notwendigen Schritte werden sich dir enthüllen, während du deinen Weg weitergehst.

Die jugendliche Fee auf dieser Karte kümmert sich um den jungen, heiligen Weißdornbaum, der aus dem Stab von Josef von Arimathäa entsprang. Der junge Baum funkelt mit göttlicher Liebe, um anzuzeigen, dass deine neuen Pläne fruchtbar und ergiebig sein werden.

Zusätzliche Bedeutungen dieser Karte: Neuanfänge. Berufswechsel. Geburtsanzeigen. Beförderungen.

Zwei des Frühlings

Du hast einen guten Start erwischt. Es fühlt sich an, als hättest du die ganze Welt in deiner Hand! Entscheidungen für die nahe Zukunft bieten sich dir an, und am wichtigsten ist es jetzt, dir in Erinnerung zu rufen, dass du ruhig Risiken eingehen darfst. Wenn du alle vorstellbaren Mittel zur Verfügung hättest, welche mutigen neuen Schritte würdest du machen? Schätze die Situation neu ein, und dann schreite zügig voran. Viele weitere Gelegenheiten warten auf dich.

Unter Umständen wird sich dir die Möglichkeit bieten, eine Partnerschaft mit anderen einzugehen. Dies kann eine wunderbare Art sein, gemeinsame Träume zu realisieren, indem ihr euch gegenseitig ermutigt, weiterhin eurer Passion zu folgen. Doch achte darauf, dass du tatsächlich auf der gleichen Wellenlänge mit dem Menschen bist, mit dem du dich eventuell verbinden willst.

Unsere beiden Feen haben zusammengearbeitet, um ein wunderschönes Boot zu bauen, was fast fertig ist. Jetzt müssen sie nur noch die purpurnen Schmetterlingssegel setzen, und ihre Reise nach dem magischen Avalon wird erfolgreich losgehen!

Zusätzliche Bedeutungen dieser Karte: Eine strahlend helle Zukunft. Gemeinsame kreative Unternehmungen. Erfolg durch harte Arbeit. Es werden große Fortschritte gemacht. Heitere Beziehungen oder Freundschaften.

Drei des Frühlings

Du hast viel erreicht, und jetzt zahlt sich all deine harte Arbeit aus! Während du auf deine Belohnungen wartest, kannst du die Zeit nutzen und dir deinen nächsten Schritt überlegen. Dabei solltest du eine langfristige Perspektive ins Auge fassen.

Das Wissen, das du seit Beginn deines letzten Unterfangens gewonnen hast, kannst du benutzen, um in der Zukunft noch größere Erfolge zu erzielen.

Es ist momentan sehr wichtig, Geduld zu haben, während deine Träume ihrer Realisierung zustreben. Sie werden erblühen, doch sie brauchen noch etwas Zeit.

Die Feen halten Zweige des heiligen Weißdornbaumes von Glastonbury in der Hand, der mit Blüten des göttlichen Baums übersät ist, den Josef von Arimathäa im As des Frühlings gepflanzt hat. Sie warten auf das Schmetterlingsboot nach Avalon, das bald am Ufer anlegen und die Schätze mitbringen wird, die ihre harte Arbeit hervorgebracht hat.

Zusätzliche Bedeutungen dieser Karte: Andere ihres Erfolges versichern oder selbst Erfolg haben. Zufriedenheit mit einer gut erledigten Arbeit. Sich für ein aufregendes neues Abenteuer entscheiden. Geschäftsreisen.

Vier des Frühlings

Dankbarkeit ist eine machtvolle Manifestations-Energie im Universum, die dir hilft, anmutig mit der zauberischen Leichtfüßigkeit der Feen zu tanzen. Sich die Zeit zu nehmen, dich bei deiner Familie, deinen Kollegen, den Feen und Gott zu bedanken, führt zu einem ununterbrochenen Fließen von Energie, die weitere Fülle bringt. Bedanke dich jeden Tag für das Gute in deinem Leben. Das kannst du innerlich tun, mit lauter Stimme oder einfach in einem Gebet.

Diese Karte kann zudem auf neue Gründe zum Feiern hindeuten, die sich bald zeigen werden. Unter Umständen musst du ein wenig Zeit für gesellschaftliche Anlässe wie zum Beispiel Hochzeiten, Einweihungspartys, Taufpartys oder andere freudige Anlässe einplanen, mit denen ein Meilenstein oder Fortschritt gefeiert wird.

Ein glückliches Paar schwebt in einem Tanz der Dankbarkeit durch eine Wiese voller Blumen. Im Hintergrund ist das Schloss zu sehen, das sie erbaut haben und das die üppige Fülle repräsentiert, für deren Verwirklichung sie so hart gearbeitet haben.

Zusätzliche Bedeutungen dieser Karte: Das Gefühl, dass das Leben wunderbar ist. Stolz auf deine Leistungen. Ein tiefes Empfinden von Frieden und Glück. Ein zufriedenes Privatleben. Ein neues Zuhause.

Fünf des Frühlings

Das Leben kann eine Herausforderung sein. Vielleicht konfrontiert es dich mit Menschen, die konkurrieren oder streitsüchtig sind. Manchmal ist der Umgang mit ihnen nicht zu vermeiden. In solchen Situationen solltest du dich bemühen, auf eine Weise zu interagieren, die Drama minimalisiert und Lösungsfindungen maximiert. Sorge dafür, dass deine Energie leicht und optimistisch bleibt.

In den meisten Fällen sind es Unwichtigkeiten, die dich verrückt machen. Nervtötende Kleinigkeiten häufen sich an und nehmen so viel deiner Zeit in Anspruch, dass nicht mehr genug bleibt, um dich mit Dingen zu beschäftigen, die wirklich wichtig sind. Werde dir darüber klar, was wichtig ist und was nicht. Lege das beiseite, was dich daran hindert, dein Ziel zu erreichen; oder gib es an jemand anderen weiter, den die Beschäftigung mit Kleinarbeit nicht stört.

Die Karte zeigt zwei jugendliche Feen, die in einem Feld voller Hyazinthen wetteifern, während Schmetterlinge sie umkreisen und Bienen um ihre Köpfe summen. Individuell betrachtet sind all dies kleine, unwichtige Dinge, doch zusammengenommen können sie sich zu großen Ablenkungen addieren.

Zusätzliche Bedeutungen dieser Karte: Gelegenheiten zu wachsen. Entgegengesetzte Ziele. Unterschiedliche Meinungen. Überambitionierte Menschen. Sportliche Wettkämpfe.

Sechs des Frühlings

Glückwunsch zu einer gut gemachten Arbeit! Dies ist nicht die Zeit, scheu oder bescheiden zu sein. Selbst wenn du in der Regel nicht das Bedürfnis hast, Aufmerksamkeit zu erregen, ist es gesund und wohltuend für dich, im Glanz deiner Leistungen zu baden. Erlaube anderen Menschen, die wundervollen Dinge zu sehen, die du geschaffen hast. Zeige deine Überzeugungen und bringe sie zum Ausdruck. Lass andere um deine einzigartigen Talente und Passionen wissen. Du bist ein Vorbild, das anderen zeigt, was möglich ist.

Wundervolle Neuigkeiten sind auf dem Weg zu dir. Es kann eine Beförderung sein, eine neue Karrieremöglichkeit oder sogar eine Auszeichnung. Positive Anerkennung für deine harte Arbeit steht bevor.

Die Karte zeigt eine Frau, die große Leistungen vollbracht hat. Einhörner repräsentieren Reinheit des Denkens, während die roten Rosenblüten Passion und Hingabe symbolisieren. Kein Wunder, dass sie ein solcher Erfolg ist!

Zusätzliche Bedeutungen dieser Karte: Erfolg! Auszeichnungen oder Stipendien erhalten. In der Öffentlichkeit stehen. Ein Hilfsangebot von jemandem, der sehr erfolgreich ist. Kluge Entscheidungen.

Sieben des Frühlings

Es ist gesund und normal, für sich selbst einzustehen. Lass nicht zu, dass andere dir in dieser Zeit deine Glaubenssätze oder Ansichten ausreden. Deine Gedanken und Gefühle im Hinblick auf das, was richtig ist und getan werden muss, sind goldrichtig! Jetzt ist nicht die Zeit, einen Rückzieher zu machen oder Kompromisse einzugehen. Jedoch ist es eine gute Zeit, um genau auf alles zu achten, was passiert, damit du aus der Situation lernen kannst.

Erlaube Respektspersonen nicht, dich einzuschüchtern. Bestehe auf deinem Recht! Unterschreibe Petitionen, setze dich mit dem Gemeinderat in Verbindung oder beteilige dich an Kundgebungen, um zu zeigen, dass viele Menschen vereint Änderungen bewirken können.

Die Fee auf dem Bild trägt ein rotes Gewand, um die Leidenschaft für ihre Mission zu zeigen, und ihre Haltung signalisiert, dass sie jederzeit ihre Glaubenssätze verteidigen wird!

Zusätzliche Bedeutungen dieser Karte: Für etwas einstehen. Deine Position verteidigen. Wissen, dass du im Recht bist. Mut durch Missgeschick. Selbstverteidigungs- und Selbstbehauptungs-Kurse oder physische Kraft durch Körpertraining.

Acht des Frühlings

Es gibt viele Arten von Stress. Diese Karte reflektiert Stress aufgrund der vielen wundervollen Dinge in deinem Leben, die alle auf einmal passieren! Unter Umständen versuchst du gerade, neue berufliche Möglichkeiten und den Wunsch nach mehr Fitness zu verwirklichen oder dein Haus neu einzurichten ... Natürlich möchtest du nicht, dass auch nur eines dieser erfreulichen Dinge verschwindet – doch du hast wirklich mehr als genug am Hals!

Dies ist die Karte des erfolgreichen Multitaskings. Falls die Dinge in der Vergangenheit eher ruhig waren, kannst du jetzt davon ausgehen, dass du um ein Vielfaches aktiver wirst. Sorge dafür, dass du deinen Vorhaben Prioritäten einräumst. Wann immer möglich, gib Projekte von deiner To-do-Liste an andere weiter. Und sei dankbar für all die wundervollen Dinge in deinem Leben, während du damit beschäftigt bist, sie in Einklang zu bringen.

Unsere Fee auf der Karte versucht, gleichzeitig acht magische Narzissen im Zaum zu halten. Es ist ein bisschen viel auf einmal, was sie in den Griff kriegen muss, doch zum Glück repräsentieren die Löwenzahnblüten Wünsche, die wahr werden!

Zusätzliche Bedeutungen dieser Karte: Sich allem gewachsen fühlen! Plötzliche Ereignisse oder unerwartete Veränderungen. Umgehende Erfolge. Geschäftsreisen.

Neun des Frühlings

Während deine harte Arbeit sich bezahlt macht und du siehst, wie deine Bemühungen mehr und mehr belohnt werden, wird es zunehmend wichtiger, dich um die Früchte deiner Arbeit zu kümmern. Die Energie in der Welt draußen kann intensiv sein. Jeden Morgen, wenn du deinen Tag beginnst, bitte Gott, die Engel und die Feen, dich vor negativen Menschen und Energien zu schützen. Du bist den Aufgaben gewachsen, die dir gestellt werden!

Außerdem ist dies eine Karte, die Umweltschützer und andere Menschen repräsentiert, deren Liebe den Pflanzen und Tieren von Mutter Erde gilt. Setze dich für wichtige Anliegen ein, wie den Schutz von Wildtieren, Ozeanen oder Nahrungsquellen.

Eine wunderschöne Fee steht bereit, die gerade erblühten Narzissen in ihrem Garten zu verteidigen. Sie ist begleitet von ihrer Marienkäfer-Freundin, um die Einheit mit der Natur im Hinblick auf ihr Anliegen zu zeigen.

Zusätzliche Bedeutungen dieser Karte: Schützen, was du erreicht hast. Dich bereit machen auf zukünftige Herausforderungen. Ein starkes Immunsystem. Bewahre deine Entschlossenheit.

Zehn des Frühlings

Nur Arbeit und null Vergnügen kann dazu führen, dass das Leben keinen Spaß mehr macht! Vielleicht ist es nicht einfach, deinen Beruf mit deinem Privatleben in Einklang zu bringen, doch ist dies von entscheidender Bedeutung für deine physische und emotionale Gesundheit.

Du arbeitest zu viel. Tue alles, was du kannst, um den Stress in deinem Leben zu reduzieren. Finde im Laufe des Tages Gelegenheiten für kleine Pausen. Hab› keine Angst, Gott, die Engel und die Feen –

oder deine Mitmenschen – um Unterstützung zu bitten. Leite Aufgaben an kompetente Kollegen oder Familienmitglieder weiter. Streiche alles aus deinem Terminkalender, was unnötig ist, und nutze die so gewonnene Zeit dafür, dich um dein eigenes Wohlergehen zu kümmern.

Unsere Feen-Freundin auf der Karte trägt eine schwere Last, und ihre zerfetzten Kleider zeigen, dass sie nicht im richtigen Maße für ihre Bemühungen belohnt wird. Die Zeit ist für sie gekommen, andere Feen um Unterstützung zu bitten.

Zusätzliche Bedeutungen dieser Karte: Niedergedrückt durch zu viel Verantwortung. Zu viel geben und nur wenig zurückbekommen. Die Feen um Hilfe bitten. Gesundheitliche Probleme aufgrund von zu viel Druck.

Prinzessin des Frühlings

Es ist absolut beglückend, die Prinzessin des Frühlings kennenzulernen! Es gibt keine Erfahrung, die sie nicht machen möchte; keine kreative Aufgabe, mit der sie nicht experimentieren will. Malen, Singen, Tanzen, Schauspielerei – sie möchte alles ausprobieren! Ihr Optimismus ist ansteckend, und wenn du Zeit mit ihr verbringst, wirst du feststellen, dass dein metaphysisches Glas nicht mehr nur »halb-voll« ist, sondern überfließt!

Unsere Prinzessin ist enthusiastisch und erstaunlich kreativ. Sie legt eine beinahe kindliche Ausgelassenheit und Lebensfreude an den Tag, die dir ein Lächeln entlocken wird. Voller Begeisterung ist sie ehrenamtlich tätig, und jeder würde sich glücklich schätzen, sie in seinem Team zu wissen. Doch vergiss dabei nicht, dass es bei so viel überschwänglicher Energie schwierig sein kann, fokussiert zu bleiben. Sie lässt sich schnell von der nächsten Möglichkeit ablenken und eilt davon, bevor sie die vor ihr liegende Aufgabe zu Ende gebracht hat.

Das kleine Feen-Mädchen auf dem As des Frühlings ist herangewachsen, genau wie der heilige Weißdornbaum, um den sie sich kümmert, seit Josef von Arimathäa ihn in Glastonbury gepflanzt hat. Ein freudiges und verspieltes Leben steht dir frei!

Zusätzliche Bedeutungen dieser Karte: Etwas tun, das deinen Horizont erweitert. Fröhlich an eine Sache herangehen. Entdecken, was dich fasziniert. Furchtlos sein. Fokussiert bleiben.

Prinz des Frühlings

Dies ist der sprichwörtliche »Ritter ohne Furcht und Tadel«, und er ist hier, um dir in jeder Weise zu helfen! Es gibt keine Aufgabe, die zu groß, und kein Detail, das zu klein ist, als dass er nicht herbeieilen und das Kommando übernehmen würde. Wenn es etwas gibt, das jetzt, in diesem Moment, getan werden muss, ist er der richtige Helfer. Als unerschütterlicher Optimist hat er bei allem, was er tut, stets ein Lächeln im Gesicht. Und sobald der Job erledigt ist, wird er dir wahrscheinlich noch fröhlich zuzwinkern.

Unser Prinz ist charmant, mutig, selbstbewusst und hat unglaublich viel zu tun! Was daran liegt, dass er alles sehen, alles tun, alles erfahren möchte! Und sollte es mal eine ruhige Phase geben, wo nicht so viel zu tun ist, kann es gut sein, dass dein Prinz sich sehr langweilt. Und ein gelangweilter Prinz kann ein mürrischer und ungeduldiger Prinz sein. Es fällt ihm schwer, sich wirklich zu entspannen und zurückzulehnen, wenn es in der Welt draußen noch so viel zu erleben gibt!

Die Karte zeigt den Prinz, wie er auf einem Hasen reitet und schnell von einem Abenteuer zum nächsten weiterstürmt! Hasen sind bekannt dafür, dass sie im Frühling besonders aktiv sind (genau wie unser Prinz).

Zusätzliche Bedeutungen dieser Karte: Ein Gefühl beglückender Lebendigkeit. Der Drang, sich zu bewegen. Viele Dinge auf einmal erledigen. Probleme, die schnelle Entscheidungen und entsprechende Aktion erfordern. Der Wunsch nach Abenteuer.

Königin des Frühlings

Die Königin des Frühlings ist wahrhaft erstaunlich. Sie kann bei der Arbeit eine neue Verkaufsmethode entwickeln; dann ein Geburtstagsfest mit dreißig eingeladenen Kindern arrangieren; ehrenamtlich für das örtliche Tierheim tätig sein und es schaffen, rechtzeitig nach Hause zu kommen, um sich für das offizielle Event umzuziehen, das für ihren Ehemann so wichtig ist. Sie ist eine hingebungsvolle Mutter, anmutig, intelligent und hinreißend. Und doch besteht ihre liebenswerteste Eigenschaft darin, eine wahre

Freundin zu sein. Sie wird für dich da sein, egal um was es geht, und das ist der Grund, warum jeder sie liebt!

Andererseits kann sie eine glühende Rivalin sein. Als unabhängige und starke Führernatur möchte sie, dass alles nach ihrer Nase geht. Es ist gut möglich, dass du ihren Ideen und Vorschlägen zustimmst ... doch wenn nicht, wirst du unter Umständen Schwierigkeiten haben, sie von deiner Sichtweise zu überzeugen.

Die Königin sitzt auf ihrem Thron und wägt ihren nächsten Schritt vorsichtig ab. Ihr rotes Kleid zeigt, dass sie ihre Pläne sehr leidenschaftlich vertritt, und sie wird nicht lange warten, bis sie aktiv wird!

Zusätzliche Bedeutungen dieser Karte: Vertrauen in deine Fähigkeiten. In der Lage, gefährliche Situationen zu bewältigen. Gleichgewicht zwischen Arbeit und Privatleben aufrechterhalten. Der Entschluss, erfolgreich zu sein.

König des Frühlings

Ein inspirierender Führer ist der König des Frühlings charismatisch und kühn, mit einem Hang zur Dramatik. Wahrscheinlich ist er ein Führer in jedem Bereich, für den er sich entschieden hat, doch sei nicht überrascht, wenn du ihn ebenso auf der Bühne deines örtlichen Laientheaters in der Hauptrolle siehst! (Er liebt das Rampenlicht!)

Dieser König ist innovativ und motivierend, und er kann Menschen dazu führen, Großes zu leisten. Er liebt seine Familie und ist daher eine ideale Vaterfigur. Seine warme und charmante Natur macht ihn sehr ansprechbar, und er ist bereit, dir weisen Rat zu geben. Aber unternimm nicht den Versuch, ihn an die Wand zu spielen! Er möchte das Zentrum der Aufmerksamkeit sein, und falls du geneigt bist, sein Rampenlicht zu teilen, wirst du schnell merken, dass du alleine dastehst.

Der König hat eine Position eingenommen, die anzeigt, dass er bereit ist zu handeln. Sein Thron ist mit einem goldenen Löwen geschmückt, ein Zeichen für Mut. Daneben befinden sich zwei Bienenstöcke, ein Hinweis auf seine Gewissenhaftigkeit.

Zusätzliche Bedeutungen dieser Karte: Ein finanzieller Glücksfall. Ein überraschender Unterstützer deines Anliegens. Öffentliches Reden. Beförderungen oder Weiterkommen in deinem Beruf.

Die Karten des Sommers

Der Sommer ist eine üppige und erfüllende Jahreszeit. Dann verbringen wir viel Zeit auf oder am Wasser (dem Symbol für Emotion). Die Samen, die wir im Frühling gepflanzt haben, wachsen schnell heran und bieten uns köstliche Früchte. Und so repräsentieren auch die Karten des Sommers seine reichen Gaben:

- Emotionale Gesundheit
- Familienbande
- Lebensfreude

In dieser Kartengruppe:

- Finden wir Liebe
- Lassen uns auf Beziehungen ein
- Haben Kinder
- Bauen uns ein Leben auf mit den Menschen, die wir lieben

In unseren tiefen Emotionen erfahren wir unsere Intuition und außersinnlichen Fähigkeiten voller. Und so bringt uns diese Karten-Gruppe spirituelles Wachstum, das zu einem Verständnis dessen führt, was in unserem Leben wirklich wichtig ist.

Im traditionellen Tarot ist dies die Farbe der Kelche und des Wasserelements.

As des Sommers

Diese Karte weist darauf hin, dass bald eine sehr lohnenswerte und freudige Beziehung beginnen wird. Vielleicht mit einem bis dato unbekannten Menschen, der in dein Leben kommt; oder sie kann eine neue Phase emotionaler Nähe mit einem gegenwärtigen Partner repräsentieren. Um auf der emotionalen Ebene Erfüllung zu finden, musst du zuerst dein Herz der Liebe öffnen. Dazu gehört, dass du an dich selbst glaubst und davon überzeugt bist, geliebt zu werden. Wenn dir eine Woge der Zuneigung entgegenströmt, erlaube der Liebe, freudig aus deinem eigenen Herzen zu fließen in dem Wissen, dass du diese Liebe verdienst.

Darüber hinaus kann diese Karte auf das Erwachen neuer außersinnlicher Fähigkeiten oder spiritueller Epiphanien hinweisen. Achte auf Zeichen von den Feen und erlaube deiner Intuition, dich in deiner gegenwärtigen Situation zu führen.

Unsere Feen-Freundin steht am Fundament des Chalice Well in Glastonbury, wo der Sage nach Josef von Arimathäa, ein Jünger von Jesus, den Heiligen Gral vergraben hat.

Zusätzliche Bedeutungen dieser Karte: Eine Botschaft der Liebe. Flirten. Mitgefühl für die Menschen in deiner Umgebung. Sehr enge, platonische Beziehungen. Ein neues Zuhause finden.

Zwei des Sommers

Du weißt, wenn etwas real ist! Und diese Beziehung ist eine, auf die du dich rückhaltlos einlassen kannst. Zwei Herzen verschmelzen in einem köstlichen Moment wahrer Liebe. Du kannst dich ohne Bedenken auf diese Beziehung einlassen und dir erlauben, zu lieben und geliebt zu werden. Freue dich über diese herzbeglückenden Gefühle und genieße sie!

Zuweilen sehen sich Beziehungen mit Herausforderungen konfrontiert. Dies ist nicht die Zeit, aufzugeben! Wenn deine Partnerschaft sich gestresst anfühlt, arbeite weiter daran. Die Liebe ist nach wie vor in euer beider Herzen lebendig. Halte das Vertrauen und den Glauben an eure Beziehung aufrecht.

Unser Feen-Freund zeigt seine Leidenschaft für die Frau, indem er sie zu einem Bett aus Rosen geleitet. Ein Wasserfall ergießt sich im Hintergrund, was auf die Macht der Gefühle zwischen den beiden hinweist.

Zusätzliche Bedeutungen dieser Karte: Eine Verlobung. Eine gleichberechtigte Partnerschaft. Vergebung und die Lösung eines Problems. Ein unerwartetes Geschenk. Eine intime Freundschaft. Einen Streit beenden.

Drei des Sommers

Wenn das Universum herrliche Musik spielt, tanze! Wenn das Leben dir freudige Nachrichten präsentiert, feiere sie! Deine Dankbarkeit für das zum Ausdruck zu bringen, was der Himmel dir geschenkt hat, bringt automatisch weiteres Glück und auf diese Weise mehr, für das du dankbar sein kannst. Nimm diesen Moment an wie einen köstlichen Tropfen im Ozean all der Segnungen, die Gott, die Engel und die Feen für dich bereithalten!

Vergiss nicht, den Menschen um dich herum zu sagen, wie viel sie dir bedeuten. Verbringe Zeit mit Familie und Freunden, die dir am Herzen liegen. Deine Worte werden mit Wärme angenommen, und deine ehrlichen Intentionen werden gewürdigt.

An einem heißen Sommertag genießen drei Feen zusammen das kühle Nass, während sie ihr Glück feiern.

Zusätzliche Bedeutungen dieser Karte: Eine bevorstehende Hochzeit. Schwangerschaft oder Geburt. Strahlende Gesundheit. Teil einer eng verbundenen Gemeinschaft oder »gewählten« Familie werden.

Vier des Sommers

Das tägliche Leben kann erfüllt sein von hektischen Aktivitäten. Was dazu führen könnte, dass du dich ablenken lässt und die Gelegenheiten nicht wahrnimmst, die sich dir bieten. Unter Umständen fokussierst du dich in einem Maße auf das, was du nicht hast, dass du die Gaben, die dir mitgegeben wurden, komplett missachtest.

Es ist sehr wichtig, Zeit in der Natur zu verbringen – dir Zeit zu nehmen, deinen Geist und dein Herz zu beruhigen. Dann kannst du Gott, die Engel und die Feen um Botschaften bezüglich der Gelegenheiten bitten, die um dich herum sind und die du vielleicht nicht siehst. Der Himmel bietet dir ständig magische Geschenke an, doch musst du offen dafür sein, diese Geschenke zu erfahren!

Eine Fee hat eine gebetsähnliche Haltung eingenommen, offensichtlich in Sorge um das, was sie ihrem Gefühl nach verloren hat. In der Zwischenzeit bitten wundervolle neue Möglichkeiten darum, von ihr bemerkt zu werden.

Zusätzliche Bedeutungen dieser Karte: Jemanden oder etwas als selbstverständlich hinnehmen. Die Macht der Meditation. Ein Mangel an Motivation. Vor lauter Bäumen den Wald nicht sehen. Tagträumerei.

Fünf des Sommers

Das Leben bietet viele Momente stiller Schönheit. Diese Art von Ruhe kann jedoch übersehen werden, wenn du auf die Dinge fixiert bist, die dich unglücklich machen. Lass negative Situationen los und kehre zu deinem eigenen inneren Frieden zurück. Sorge dafür, dass deine Gedanken zur Gänze auf optimistische Resultate fokussiert sind. Visualisiere die Gegenwart und Zukunft, die du manifestieren möchtest, und lass die Vergangenheit hinter dir. Falls du einen Verlust betrauern musst, zögere nicht, dich an die Menschen in deiner Umgebung zu wenden, die du liebst und die dich lieben und die dir auf eine gesunde Art helfen können, wieder zu dir selbst zu finden.

Löse dich von den negativen Emotionen anderer. Melodramatische Menschen und Situationen fördern Gefühle wie Reue und Angst, was dich daran hindert, das Leben zu leben, das du dir wünschst. Mach dir keine Sorgen – hellere Tage warten auf dich.

Die Fee scheint sich Sorgen zu machen über etwas, das auf der Karte nicht zu sehen ist. Sie ist bereit, davonzufliegen, während ihr eine Zeit der Kontemplation zuträglicher wäre.

Zusätzliche Bedeutungen dieser Karte: Fehler aus der Vergangenheit vergeben. Etwas Positives aus einer schwierigen Situation gewinnen. Alle Möglichkeiten sehen.

Sechs des Sommers

Ooh, der Zauber der Kindheit! Mit den Augen eines Kindes betrachtet ist die Welt voll freudiger und wunderbarer Momente. Diese Karte dient als Aufforderung, dich erneut mit dieser strahlenden Sichtweise zu verbinden, die noch immer in deiner Seele lebt. Erinnerungen oder Menschen aus deiner Vergangenheit können in dein Leben zurückkommen und beglückende Überraschungen mitbringen!

Erfahrungen aus der Kindheit oder Jugend können unerwartet eine Inspiration für deine gegenwärtige Situation bieten. Denke zurück an Augenblicke in deinem Leben, die so ähnlich waren wie das, was du heute erlebst. Erinnere dich, wie du mit diesen Ereignissen umgegangen bist und wie du das Gelernte in der Gegenwart anwenden kannst. Achte besonders darauf, die Vergangenheit richtig zu sehen, bevor du ihr einen positiven oder negativen Dreh gibst.

Zwei junge Feen sitzen zusammen und erfreuen sich an den Geschichten, die sie einander erzählen. Vielleicht sind es glückliche Erinnerungen aus vergangenen Jahren ... oder es könnte sich um Ereignisse handeln, die eben erst passiert sind!

Zusätzliche Bedeutungen dieser Karte: Kinder oder Kindheit. Sehnsucht nach der Vergangenheit. Das Wiederaufflammen alter Freundschaften oder Liebesbeziehungen. Ereignisse, die Erinnerungen zurückbringen. Kindliche Unschuld. Enge Freundschaft knüpfen.

Sieben des Sommers

Es gibt bei jeder Entscheidung ein Für und Wider. Deine gegenwärtige Situation verlangt eine Entscheidung von dir, und Zögern ist schlicht keine Option mehr. Deine Entscheidung hat mit Handlungen zu tun, die dir physisch, emotional, finanziell, intellektuell oder spirituell zugute kommen können. Die Erkenntnis, dass du immer eine Wahl hast, zeigt dir, wie groß deine persönliche Macht ist. Jedoch bedeutet dies auch, dass du verantwortlich bist für das Resultat und die Folgen deiner Wahl. Der Moment ist gekommen, dich zu entscheiden! Du könntest eine Liste machen, in der du jede mögliche Alternative aufzählst und einschätzt; oder du könntest Gott und deine Engel um Führung bitten. Fest steht, dass du dich jetzt entscheiden musst.

Tagträumerei kann eine angenehme Aktivität sein, um Einsichten in eine problematische Situation zu gewinnen ... oder eine Möglichkeit, aktive Schritte zu vermeiden. Sorge dafür, dass deine Imaginationskraft einem produktiven und positiven Zweck dient. Erstelle einen Plan, um deine Träume Schritt für Schritt zu realisieren.

Der Feen-Jüngling lässt die Strahlen der Sonne durch ein Prisma auf ein Beet weißer Rosen scheinen. Die Rosen weisen darauf hin, dass seine Intentionen rein sind, während das Prisma zeigt, dass es viele Möglichkeiten gibt.

Zusätzliche Bedeutungen dieser Karte: Wunschdenken. Fokus wiedererlangen. Überanalysieren. Zu viele Entscheidungsmöglichkeiten. Zeit für eine Entgiftung.

Acht des Sommers

Diese Karte repräsentiert die Entscheidung, eine Situation zu verlassen, die nicht länger zu deinem Besten ist. Du hast diese Entscheidung ganz alleine getroffen; sie ist dir nicht aufgezwungen worden. Sie mag wie eine Herausforderung erscheinen ... oder wie eine wundervolle Erleichterung, vielleicht sogar ein aufregendes Abenteuer!

Du kannst kleine, tägliche Schritte machen, bis die ersehnten Veränderungen eingetreten sind. Oder du kannst das Ganze beschleunigen! Am wichtigsten ist, dass du deine Situation offen und realistisch einschätzt und dann den Weg zum Glück wählst. Hab keine Angst. Du bist bereit!

Die Fee hat ihre sieben Sachen gepackt und einen neuen Weg für sich gewählt. Ein herrlicher Sonnenaufgang erwartet sie!

Zusätzliche Bedeutungen dieser Karte: Ein Umzug oder eine berufliche Veränderung. Ein Wendepunkt. Die Heimat verlassen. Nach tieferen Wahrheiten suchen. Spirituelles Wachstum. Erkennen, dass das Leben mehr zu bieten hat, als man zunächst glaubte.

Neun des Sommers

Dies ist ein besonders magischer Moment! Du hast die Karte der wahr gewordenen Wünsche gezogen. Lass dein Herz erfüllt sein von kindlichem Staunen und Ehrfurcht, stell dir bildlich vor, was es ist, das du dir wünschst – und dann wünsche es dir! Vielleicht möchtest du es schriftlich festhalten. Bewahre das Geschriebene an einem besonderen Ort auf, den nur du kennst, und dann überlass alle Vorstellungen darüber, wie dein Wunsch erfüllt werden soll, dem Universum.

Erlaube dem Leben, spielerisch zu sein! Erfreue dich an den einfachen Dingen. Verbringe Zeit mit Freunden oder Familie bei unbeschwerten und fröhlichen Aktivitäten. Viel Spaß!

Eine Feen-Patin schenkt einer jungen Maid die Erfüllung ihrer liebsten Träume!

Zusätzliche Bedeutungen dieser Karte: Erfüllte Träume. Keine Angst mehr. Fülle und Wohlstand. Glück. Große Freude.

Zehn des Sommers

Zeit mit deiner Familie und anderen lieben Menschen zu verbringen ist entscheidend für ein erfüllendes, glückliches Leben. Die Personen, die du als Familie betrachtest, können mit dir verwandt sein; oder liebe Menschen, die du zu deiner Wahlfamilie erkoren hast. In jedem Fall ist es sehr wichtig, den Menschen, die dir am nächsten stehen, Liebe und Unterstützung anzubieten – und dies im Gegenzug anzunehmen. Sorge dafür, ihnen einen Platz in deinem Leben einzuräumen.

Es lohnt sich, Zeit und Energie in deine wichtigsten Beziehungen zu investieren. Du kannst das glückliche Familienleben haben, das du dir wünschst, voller Frieden und emotionaler Erfüllung.

Das Feen-Paar der Karte Zwei des Sommers hat für sich und seine Kinder ein wunderschönes Leben geschaffen. Das Schmetterlingsboot am Strand von Avalon bedeutet, dass ihre emotionalen Strömungen sich weiterhin entfalten und prächtig entwickeln werden.

Zusätzliche Bedeutungen dieser Karte: Eine glückliche Ehe. Menschen, denen du vertrauen kannst. Dauerhafte Beziehungen. Ein Gefühl emotionaler Zufriedenheit. Kinder weise erziehen.

Prinzessin des Sommers

Die Prinzessin des Sommers ist eine sanfte und sensitive Seele. Sie ist sehr an Beziehungen mit anderen Menschen interessiert, ist jedoch häufig sehr scheu. Wenn du einen Blick auf ihren Nachttisch wirfst, wirst du dort mit ziemlicher Sicherheit einen Liebesroman finden. Sie ist poetisch veranlagt, mit einer Vorliebe fürs Schreiben; dazu gehört, dass sie alles aufschreibt, was sie fühlt. Wenn Tagträumerei eine olympische Sportart wäre, würde sie eine Goldmedaille gewinnen!

Wenn du mit offenen Armen und offenem Herzen auf sie zugehst, wird sie dich freudig annehmen und in ihr Leben lassen. Sie wird sich aufmerksam und mit großem Mitgefühl alle deine Sorgen und Ängste anhören. (Niemand muss alleine weinen, wenn die Prinzessin des Sommers in der Nähe ist.) Doch vergiss nicht, dass sie in weltlichen Angelegenheiten eher unerfahren ist. Diese Prinzessin nimmt alles durch ihre Gefühle wahr, daher kommt sie vielleicht nicht immer dazu, die Dinge zu durchdenken.

Die junge Fee aus der Karte As des Sommers ist herangewachsen. Während sie sich an ihrem privaten Garten erfreut, ist sie voller Zauber und wartet geduldig darauf, dass die Liebe kommt.

Zusätzliche Bedeutungen dieser Karte: Einladungen zu gesellschaftlichen Ereignissen. Liebesbriefe. Ein spezieller neuer Freund. Vertrauliche Information. Träume interpretieren.

Prinz des Sommers

Dieser charmante Jüngling mag ein Prinz sein, doch in Wahrheit ist er der König der romantischen Liebesbeziehungen! Total verliebt in die Liebe kann er sich heranzoomen und dein Herz im Handumdrehen zum Flattern bringen! Er ist vergeistigt, künstlerisch, introspektiv und träumerisch, unter Umständen mit einem leichten Hang zum Melodramatischen. Er ist zum Flirten aufgelegt und wird dir Gedichte vorlesen und dir dabei tief in die Augen blicken. In seinem Herzen ist er ohne Frage großzügig und sehr zartfühlend.

Sein Fokus ist auf dich gerichtet und nur auf dich ... bis er es nicht mehr ist. Und genau da liegt das Problem. Er ist der Prinz des Sommers – und ja, du wirst eine Zeit lang sehr glücklich sein. Vielleicht sogar für immer! (Vielleicht ...) Doch vergiss nicht, dass dieser Prinz es nicht lassen kann, auch anderen Frauen schöne Augen zu machen. Und dass er sie gerne alle beglücken würde. Also sei gewarnt!

Der Prinz reitet auf einer magischen Narzisse, beschienen vom Licht eines vollen Mondes. Die Narzisse zeigt an, dass er Wünsche wahr machen kann, doch das Herz in seiner Hand ist aus Glas – gehe vorsichtig damit um!

Zusätzliche Bedeutungen dieser Karte: Sich verlieben. Eine Vorliebe für Kunst und Schönheit. Geerdet bleiben während einer sehr emotionalen Erfahrung. Eine vertraute Person, die Geheimnisse für sich behalten kann.

Königin des Sommers

Die Königin des Sommers ist schön und von einer heiteren Gelassenheit. Du begibst dich in ihre Gegenwart, und ein Gefühl von Ruhe umhüllt dich. Sie strahlt Liebe und Frieden aus. Außerdem weiß die Königin, was du denkst! Extrem sensitiv, versteht sie dein Herz besser als du selbst. Was sie zu einer hervorragenden Beraterin macht, die dir helfen kann, Klarheit über jede Situation zu gewinnen, die dir zu schaffen macht.

Diese Königin hat eine tiefe Liebe für Freunde und Familie und wird für dich da sein. Tatsächlich ist sie so ziemlich für jeden da. Warmherzig und großzügig, wie sie ist, gibt sie manchmal zu viel. Aus diesem Grund kann es sein, dass du die Königin des Sommers als ein erschöpftes und verhaltenes Wesen erlebst. Sie hat viel gegeben und nicht immer in gleichem Maße zurückbekommen. Sie hat Verlust erfahren ... und durch diesen Verlust ist sie unter Umständen weiser und anspruchsvoller in Bezug auf Menschen geworden, die sie nahe an sich heranlässt.

Die Königin steht in einem Feld, umgeben von anderen Feen. Die Sonnenblumen weisen darauf hin, das sie Glück verbreiten kann, was der Grund ist, warum so viele um ihre Aufmerksamkeit buhlen.

Zusätzliche Bedeutungen dieser Karte: Ein enger und vertrauter Freund. Sich für eine wichtige Sache einsetzen. Jene beschützen, die Unterstützung brauchen. Darauf achten, zu geben und zu nehmen. Ein spiritueller Lehrer/spirituelle Lehrerin.

König des Sommers

Der König des Sommers ist jemand, dem du völlig vertrauen kannst. Versiert in Angelegenheiten des Herzens weiß er um den Wert von Mitgefühl und Verständnis. Er wird sich ruhig alle deine Ängste, Hoffnungen und Träume anhören und dir verblüffende Einsichten bieten, die von unschätzbarem Wert sind, wie du feststellen wirst.

Dieser König erfreut sich eines sehr reichen Innenlebens, was von seiner Beschäftigung mit Spiritualität herrührt. Er ist ein Menschenfreund, ehrenhaft und durchaus galant. In zwischenmenschlichen Beziehungen jedweder Art ist er von einer hohen Integrität. Er kann jedoch zuweilen als etwas zu intensiv erscheinen. Er hat viel erlebt, und sein Wunsch, dich zu beschützen, kann in väterlich klingenden Ratschlägen resultieren. Dieser König ist außerdem ein leidenschaftlicher Beschützer von Freunden und Familie, daher wird es dir zugute kommen, in seiner Gegenwart freundlich über andere zu reden.

Rote Rosen, ein Symbol wahrer Liebe, blühen zu Füßen des Königs des Sommers. Du kannst darauf vertrauen, dass seine Absichten ehrenhaft und seine Gefühle echt sind.

Zusätzliche Bedeutungen dieser Karte: Ein ausgezeichneter Ehepartner und Elternteil. Als Friedensstifter agieren. Kompromisse finden zwischen entgegengesetzten Interessen. Kulturelles und künstlerisches Engagement.

Die Karten des Winters

Für die meisten von uns ist der Winter die kälteste Zeit des Jahres. Und da dies die Karten des Geistes und des Intellekts sind, können wir die Frische der Jahreszeit mit der kühlen Energie reiner Gedanken assoziieren. Häufig drosseln wir unser Tempo im Winter; wir sind nicht mehr so aktiv und bleiben lieber in unserem gemütlichen Zuhause. Wir haben Zeit zum Denken, während wir auf den Frühling warten – wenn wir unsere Pläne endlich in die Tat umsetzen können.

Vielleicht kommunizieren wir in dieser Zeit auch mehr mit Freunden und Familie, weil wir den Wunsch verspüren, im Haus zu bleiben, wo es warm und behaglich ist.

Wenn der Winter besonders kalt und dunkel ist, kann es sein, dass wir uns irgendwann isoliert zu fühlen beginnen oder zulassen, dass unsere Gedanken um ängstliche oder besorgte Themen kreisen. In den meisten Fällen ist die Angst unnötig und lenkt uns nur von dem heiteren Weg ab, den Gott, die Engel und die Feen uns zeigen wollen. Wir müssen positiv bleiben, in dem Wissen, dass die Kälte irgendwann vorbei ist und der Frühling uns die Gelegenheit bietet, mit vollem Einsatz unserer Kräfte aktiv zu werden!

Im traditionellen Tarot ist dies die Farbe der Schwerter und des Elements Luft.

As des Winters

Lass dich nicht von plötzlich auftretenden Herausforderungen abschrecken. Du bist auf dem richtigen Weg, und deine Pläne sind beschützt und krisenfest. Jegliche Schwierigkeiten sind nur dazu da, dich stärker zu machen – in Wahrheit sind es gar keine »Blockaden«.

Vertraue darauf, dass deine neuen Ideen gegenwärtig inspiriert und deine Zeit und Energie wert sind. Im Grunde genommen bist du dir völlig im Klaren darüber, was zu tun ist, auch wenn du dich noch mit Selbstzweifeln plagst. Vertraue deinen eigenen Einsichten. Drücke dich auf eine klare und verständliche Weise aus, um Konfusion zu vermeiden, doch achte darauf, nicht kalt zu erscheinen durch die Art, wie du deine Wahrheit zum Ausdruck bringst.

Diese junge Fee hat große Magie in ihren Händen, doch gleichzeitig schwebt die Macht reiner, kristallklarer Gedanken über ihrem Kopf. Ihr Löwen-Gefährte repräsentiert die potenzielle Kraft und den Mut, den sie entwickeln wird.

Zusätzliche Bedeutungen dieser Karte: Brillante neue Ideen. Hindernisse überwinden. Positiv bleiben. Objektivität. Auf Zeichen für ein positives Resultat achten und ihnen vertrauen.

Zwei des Winters

Jetzt ist die Zeit da, aktiv zu werden! Unentschlossenheit hat dich bisher zurückgehalten, doch dies ist der Moment, dir selbst zu vertrauen und weiterzugehen. Zuweilen kann es schwierig sein, Entscheidungen zu treffen, doch deine Intuition wird dich zu der perfekten Wahl führen. Vielleicht bist du momentan hin- und hergerissen zwischen etwas, von dem du weißt, dass es richtig ist für dich – oder das zu tun, was ein anderer von dir erwartet. Aller Wahrscheinlichkeit nach erfordert diese Angelegenheit deinen persönlichen Einsatz, damit deine Bedürfnisse erfüllt werden. Falls es dir an Klarheit mangelt, kannst du Gott, die Engel und die Feen bitten, dir ein Zeichen zu geben; oder höre einfach auf deine eigene innere Führung. Triff deine Entscheidung mit Selbstvertrauen!

Unter Umständen ist es erforderlich, einen Kompromiss mit anderen einzugehen, um weiterzukommen. Lass nicht zu, dass Bedenken aus der Vergangenheit dich davon abhalten, deine Ziele zu erreichen.

Ein kleiner Feen-Junge steht vor einer schwierigen Entscheidung. Beide Instrumente sind verlockend, doch welches würde wirklich die Musik in seinem Herzen zum Klingen bringen?

Zusätzliche Bedeutungen dieser Karte: Sich gefangen fühlen zwischen Intellekt und Emotion. Die Situation überanalysieren. Ein Problem ignorieren in der Hoffnung, es möge von alleine verschwinden.

Drei des Winters

Es bedarf großen Mutes, dir deine vergangenen Enttäuschungen vor Augen zu führen und zuzulassen, dass Heilung geschieht. Wende dich anderen Menschen zu, um Trost und Liebe zu finden. Bitte Gott, die Engel und die Feen um ein klares Verständnis aller Probleme, die mit dieser Situation zu tun haben. Sei offen für die wohltuende Umarmung von Mitgefühl und Vergebung und für die Weisheit anderer, die vielleicht das Gleiche erlebt haben wie das, was du gerade durchmachst.

Verschließe dein Herz nicht vor hilfsbereiten Menschen. Indem du dich jetzt deiner Traurigkeit stellst und sie verarbeitest, schaffst du die Voraussetzung für Heilung in der nahen Zukunft, anstatt dich wieder und wieder mit unglücklichen Emotionen aus der Vergangenheit herumschlagen zu müssen.

Hinter unseren Feen-Freunden steht der heilige Weißdornbaum. Die Legende besagt, dass die Drei erschienen, als Josef von Arimathäa, ein Jünger Jesus, der half, ihn vom Kreuz zu nehmen, den Gehstock von Jesus auf einem Hügel in Glastonbury in die Erde steckte. Der Stock wurde zu dem heiligen Weißdornbaum, der nur an Weihnachten und Ostersonntag blüht.

Zusätzliche Bedeutungen dieser Karte: Anderen und sich selbst vergeben. Verletzungen aus der Vergangenheit loslassen. Missverständnisse klären. An Kraft gewinnen durch schwierige Situationen. Menschen in Not helfen.

Vier des Winters

Die Beruhigung des Geistes durch Meditation, oder indem du eine Pause einlegst, wird große Kraft freigesetzt. Lösungen, die du zuvor nicht greifen konntest, weil du dir zu viel Kopfzerbrechen gemacht hast, können plötzlich sehr klar sein. Wenn du dich derzeit mit einem Problem konfrontiert siehst, betrachte diese Karte als Zeichen, dass du fürs Erste nicht mehr darüber nachdenken sollst. Richte deinen Fokus auf etwas anderes oder unternimm Schritte, um eine beunruhigende Situation zu entschärfen und aufgestaute Emotionen zu klären.

Gesunder und ausreichender Schlaf ist entscheidend für ein glückliches Leben. Es erlaubt dem Geist, sich auszuruhen und zu regenerieren, damit du im Wachzustand produktiver und voller Optimismus bist! Lass deinen Körper die Liebe spüren, die er verdient, indem du ihm die Zeit gewährst, die er braucht, um sich zu erholen. Suche nach Möglichkeiten, dem Stress entgegenzuwirken.

Eine Fee findet Trost und Abgeschiedenheit im Inneren einer mächtigen Kiefer. Die Tannenzapfen symbolisieren die spirituelle Erleuchtung, die aus der Meditation und inneren Einkehr kommt.

Zusätzliche Bedeutungen dieser Karte: Die Macht der Meditation. Ausruhen aufgrund einer Krankheit. Sich frei nehmen. Befürchtungen vorübergehend beiseitelegen.

Fünf des Winters

Die Dinge laufen nicht immer so, wie du es erwartest. Wenn deine Pläne nicht funktionieren, bitte Gott, die Engel und die Feen, dir zu helfen, einen neuen, erfolgversprechenderen Weg zu finden. Behalte stets deine Integrität und sei versichert, dass die Freundlichkeit, die du anderen zeigst, zu dir zurückkommen wird. Wenn du eine schwierige Zeit hattest, vergiss nicht, den Menschen, die dir in dieser Phase geholfen haben, deine Dankbarkeit zu zeigen.

Tue dich mit anderen zusammen, die eine hohe Moral besitzen und wahres Mitgefühl für die Welt zeigen.

Vermeide den Kontakt mit negativen Personen. Falls du merkst, dass du mit Organisationen oder Gruppen von Leuten in Verbindung bist, denen es an Ehrlichkeit und Prinzipien mangelt, löse dich aus diesen Banden und tue dich mit Menschen zusammen, die deine Werte und moralischen Prinzipien teilen.

Die Fee auf der Karte ist beim Sammeln der vielen Schneebälle offensichtlich erfolgreich gewesen. Doch wenn dieser Erfolg ein einsamer ist, wie befriedigend und beglückend kann er dann sein?

Zusätzliche Bedeutungen dieser Karte: Etwas, dass die Mühe nicht lohnt. Eine für alle befriedigende Lösung suchen. Unehrliche Beziehungen beenden.

Sechs des Winters

Positive Veränderungen stehen bevor! Die Probleme klingen ab, während du dich darauf vorbereitest, die Segel zu setzen, um zu sonnigeren Horizonten und glücklicheren Ufern zu reisen. Lass deine Schwierigkeiten hinter dir und plane deinen Kurs für die Zukunft. Entscheide dich, deine Frustration über vergangene Unannehmlichkeiten oder Mühsal zurückzulassen und den Anbruch eines neuen Tages freudig zu begrüßen!

Reisen, vor allem über das Wasser, könnten in der Zukunft nötig sein. Oder vielleicht ist deine »Reise« metaphorisch zu verstehen. Gelegenheiten, an einen anderen Ort zu ziehen, dürfen als positiv betrachtet werden.

Ein Feen-Jüngling steuert sein Boot auf das Dorf in der Ferne zu. Wenn das Wasser vielleicht auch noch nicht frei von Eis ist, zeigt die Szene klar die Wärme, die in der Zukunft auf dich wartet.

Zusätzliche Bedeutungen dieser Karte: Das Leben geht weiter. Stelle dich deinen Problemen, damit sie dich nicht länger stören. Eine willkommene Erleichterung. In eine neue Stadt umziehen.

Sieben des Winters

Überprüfe deine momentanen Pläne, um zu sehen, ob Änderungen nötig sind. Im Laufe der Zeit wird der Grund für Enttäuschungen klar, und es bieten sich dir noch bessere Gelegenheiten, als du dir zunächst vorstellen konntest!

Bitte Gott, die Engel und die Feen, dir zu zeigen, welche Person integer ist und welche nicht. Leider gibt es Menschen, die ihre wahren Intentionen verbergen. Doch indem du auf deine Intuition hörst, werden dir Zeichen oder Botschaften gegeben, die dir die Wahrheit zeigen. Achte auf Warnflaggen, die auf die mangelnde Ehrlichkeit einer anderen Person hinweisen. Obgleich du stets das Beste in anderen siehst, ist es an der Zeit, die Scheuklappen abzulegen und zu erkennen, dass die Handlungen mancher Menschen nicht ehrlich sind. Das wird dir erlauben, schmerzhafte Situationen und Dilemmas zu vermeiden.

Die Fee auf der Karte ist offensichtlich dabei, sich schnell von einer Situation zu entfernen. Sie ist umgeben von Eis, doch in der Karaffe, die sie bei sich trägt, befindet sich nur flüssiges Wasser – was zu der Frage führt: Woher hat sie es bekommen?

Zusätzliche Bedeutungen dieser Karte: Wunsch nach Alleinsein. Die Dinge entwickeln sich nicht nach Plan. Unkluge Partnerschaften vermeiden. Selbsttäuschung.

Acht des Winters

Die Idee, dass du in deiner Situation gefangen bist, ist ein Irrtum. Erlaube deinem Ego nicht, dir einzureden, dass du schwach und machtlos bist. Du hast alles, was du brauchst, um jede Situation zurückzulassen, die dir nicht gefällt. Versprich dir selbst mit Bestimmtheit und Entschlossenheit, dass du das Leben haben wirst, das du dir wünschst. Glaube an dich!

Veränderungen erfordern eine Verpflichtung zum Handeln, was bedeutet, die Entscheidung zu treffen, aktiv die Dinge zu verbessern. Falls es dir schwerfällt, dich zu fokussieren, bitte Gott, die Engel und die Feen um Zeichen, die dir helfen, einen Plan aufzustellen. Jetzt ist der Moment da, die Verantwortung für dein Leben anzunehmen!

Eine Fee steht auf einer Eisscholle und fühlt sich gefangen. Jedoch ist die Entfernung von ihrer Insel aus Eis zur nächsten nur kurz, und sie kann den Raum dazwischen leicht überqueren. Ihr Gefühl des Gefangenseins ist eine Illusion.

Zusätzliche Bedeutungen dieser Karte: Die Illusion, in der Falle zu sitzen. Die Notwendigkeit, deine persönliche Macht zurückzunehmen. Mangelnder Glaube an dich selbst.

Neun des Winters

Diese Karte kommt zu dir, wenn Angst und Sorgen ein unnötig hohes Maß erreicht haben. Es mag tatsächlich Probleme und Pläne geben, die du erledigen musst, doch deine Angst ist gemessen an den Umständen unverhältnismäßig groß. Nimm dir ein wenig Zeit, um in der Natur spazieren zu gehen; sprich mit Gott, den Engeln und den Feen und bringe deinen Geist zur Ruhe. Die Dinge werden sich bald spürbar bessern!

Atme! Erfolg ist oft von Stress begleitet. Wenn du zulässt, dass die Belastung immer größer wird, kann dies einen physischen und emotionalen Tribut fordern. Sei gut zu dir selbst! Suche nach Möglichkeiten, deine Sorgen zu beruhigen, zum Beispiel durch Massage, Akupunktur, Reiki oder indem du dir einen Wellness-Tag gönnst.

Eine Fee ist aus einem schlechten Traum erwacht. Die Tauben repräsentieren den Frieden, der ihr zuteilwerden könnte, doch ihr Fokus ist auf ihre Ängste gerichtet.

Zusätzliche Bedeutungen dieser Karte: Unbegründete Ängste. Schlafstörungen. Die Probleme der Welt auf die eigenen Schultern nehmen. Fokus auf Worst-Case-Szenarios. Unnötige Schuldgefühle.

Zehn des Winters

Es ist Zeit, wegzugehen (oder wegzulaufen!). Diese Situation ist nicht länger gut für dich und hält dich nur zurück. Manchmal sind Trennungen traurig, und manchmal sind sie eine Erleichterung. Veränderung kann stressig und bedrohlich erscheinen, doch vertraue darauf, dass dies eine gesunde und notwendige Veränderung ist. Das Ziehen dieser Karte bedeutet, dass du wahrscheinlich schon seit einiger Zeit weißt, dass du weitergehen musst, jedoch unfähig oder nicht bereit warst, die Bande zu durchtrennen, die dich halten. Lass los und mach dich auf die Reise in eine glücklichere Zukunft!

Setz dir neue Ziele. Beginne noch einmal ganz von vorn! Richte deinen Fokus auf die Zukunft, nicht auf die Vergangenheit.

Eine Fee verlässt das schwierige Land des Winters für ein wärmeres Ziel. Bald werden ihre Schwierigkeiten überwunden sein.

Zusätzliche Bedeutungen dieser Karte: Beseitigung von Schwierigkeiten. Das Ende einer Sucht. Eine Last wird dir von den Schultern genommen. Eine emotionale Überreaktion.

Prinzessin des Winters

Die Prinzessin des Winters beschäftigt sich mit dem Studium des Intellekts. Sie ist unendlich neugierig auf alles. Sie kann innerhalb von Sekunden Wahrheit von Lüge unterscheiden und kennt Fakten und Zahlen, die dich verblüffen werden! Wenn eine aufregende neue Idee auftaucht, kannst du deinen letzten Cent darauf verwetten, dass diese Prinzessin vom ersten Moment an davon gewusst hat.

Sie ist logisch und realistisch, was manchmal zur Folge haben kann, dass man nur schwer an sie herankommt. Sie hält ihre Emotionen gut unter Verschluss. Sie ist auch für ihre scharfe Zunge bekannt, weil sie sagt, was sie denkt, ohne ihre Worte abzuwägen. Natürlich lag es nicht in ihrer Absicht, deine Gefühle zu verletzten, sie war einfach nur kompromisslos ehrlich. Daher versuche, dich auf die Botschaft zu fokussieren und nicht auf den Boten. Wenn sie jedoch kontinuierlich ein verletzendes Verhalten an den Tag legt, solltest du vielleicht nicht so viel Zeit mit ihr verbringen.

Die kleine Fee vom As des Winters ist jetzt erwachsen, genau wie ihr Begleiter. Sie ist zu ihrer vollen inneren Kraft erwacht und jetzt eine starke, junge Frau. Doch sei vorsichtig ... ihre Worte können so feurig sein wie das angsteinflößende Knurren ihres Gefährten.

Zusätzliche Bedeutungen dieser Karte: Eine unberechenbare Person oder Situation. Die Notwendigkeit, sich klar auszudrücken. Ein Indigo-Kind oder -Erwachsener. Bestimmtes Auftreten. Objektives Feedback.

Prinz des Winters

Er bewegt sich schnell wie der Blitz! Wenn der Prinz des Winters erscheint, weißt du, dass du ganz schnell aktiv werden musst. Sein Geist bewegt sich so rasant wie sein Schlitten, und er kann eine Situation auf Anhieb richtig einschätzen, was ihm erlaubt, sich sofort an die Arbeit zu machen. Wenn er eine Aufgabe zu erledigen hat, kannst du getrost einen Schritt zurücktreten und ihm die Kontrolle überlassen (die er so oder so ausüben wird, egal ob es dir gefällt oder nicht gefällt, dass er in Aktion tritt.)

Er ist idealistisch, entscheidungsfreudig, fokussiert und entschlossen. Zuweilen kann er auch ein wenig impulsiv und undiplomatisch sein. Wenn also der Prinz deine Bühne betritt, versuche, ihn dazu zu bringen, kurz innezuhalten und sich seinen Plan nochmal genau anzuschauen, um sicherzugehen, dass er auch wirklich durchführbar ist.

Der Feen-Jüngling bewegt sich rasch durch den verschneiten Wald. Er liebt den Nervenkitzel der Schnelligkeit, aber achtet er auch wirklich darauf, wohin er geht?

Zusätzliche Bedeutungen dieser Karte: Fester Glaube an deine Mission. Kämpfen für Gerechtigkeit. Plötzliche oder unerwartete Veränderungen. Intellektuelle Lösungen für Probleme.

Königin des Winters

Die Königin des Winters hat schon alles gesehen und erlebt! Im Laufe ihres Lebens hat sie viele Schwierigkeiten erfahren und ist dadurch nur stärker geworden. Sie weiß genau, was zu tun ist (selbst wenn du keine Ahnung hast), und sie kann dir mit einer raschen Bewegung ihres Handgelenks und einem wissenden Leuchten in den Augen die optimale Richtung anzeigen. Auch wenn die Königin mehr als genug Herausforderungen in ihrem Leben zu meistern hatte, ist ihr Entschluss, alles mit einem Körnchen Salz zu nehmen, nur umso entschiedener geworden. Sie hat ungeheure Geduld und neigt dazu, die Dinge leicht zu nehmen. Darüber hinaus ist sie zum Schreien komisch!

Aufgrund ihrer umfangreichen und vielfältigen Erfahrungen hat sie schon seit Langem alles und jeden losgelassen, der mehr Drama als Freude in ihr Leben brachte. Was ihr zu dem Spitznamen »Flohmarkt-Königin« verholfen hat (was du ihr vielleicht besser nicht direkt ins Gesicht sagen solltest!). Häufig lebt sie allein, und für Dummköpfe jedweder Art bringt sie wenig Geduld auf. Mit ihrem schnellen Witz und ihrer Intelligenz kann sie dich in die Schranken weisen, ohne dass du weißt, wie dir geschieht.

Diese Königin sitzt in eisiger Einsamkeit in ihrem königlichen Schlitten. Sie fühlt sich wohl in ihrem Alleinsein und ist glücklich über den eleganten Wohlstand, den ihre Lebenserfahrung ihr ermöglicht hat.

Zusätzliche Bedeutungen dieser Karte: Eine kluge und wissende Freundin. Die Praxis des Feng Shui. Fokus auf deine Karriere anstatt auf Beziehungen. Ledige oder geschiedene Personen. Perfektionismus.

König des Winters

Der König des Winters ist fair, unparteiisch und sehr professionell. Außerdem ist er emotional so gut wie unerreichbar. Wenn du nach jemandem suchst, der dir tadellose Ratschläge geben kann, ist er genau der richtige. Falls du einen Redner für deine Veranstaltung suchst, der jeden Zuhörer in seinen Bann ziehen wird, buche ihn auf der Stelle. Wenn du einen neuen Geschäftsführer für dein Unternehmen brauchst, nimm ihn unter Vertrag (er wird einen hohen Bonus erwarten). Dieser König kann sogar ein ungeheurer Menschenfreund sein, wenn er an eine Sache glaubt.

Falls du jedoch einen Liebespartner suchst, solltest du besser gleich weiterziehen. Das soll nicht heißen, dass er ein schlechter Kerl ist; im Gegenteil, er ist sogar ziemlich wunderbar! Doch er ist nicht wirklich dazu auserkoren, seine Zeit mit Liebegeflüster, Dinner bei Kerzenschein oder trauten Spaziergängen am Strand zu verbringen. Deine romantische Natur wäre frustriert mit diesem König als Partner.

Der König des Winters lebt in glücklicher Einsamkeit mit seiner Freundin, der Eule. Weisheit und Intellekt sind die einzige Gesellschaft, die er braucht.

Zusätzliche Bedeutungen dieser Karte: Universitätsprofessoren. Öffentliche Vorträge halten. Brillante Ideen. Erfahren im Umgang mit Regierungskräften. Emotionsfreie Beziehungen.

Die Karten des Herbstes

Der Herbst ist die Zeit der Ernte. Der Moment ist gekommen, die Früchte unserer Bemühungen für einen erfüllenden Beruf und ein angenehmes Leben zu ernten. Diese Karten betreffen die täglichen, materiellen Aspekte des Lebens auf der Erde:

- Sicherheit und Geborgenheit
- Finanzen
- Unser physisches Wohlbefinden
- Wie wir unsere Kinder erziehen (und uns selbst)
- Die Arbeit, die wir tun

Darüber hinaus geht es bei den Karten des Herbstes um materielle Fülle, zum Beispiel unser Zuhause, Besitz und Investitionen in die Zukunft. Da all dies von unserer einzigartigen Welt abhängt, repräsentiert diese Kartengruppe Fragen bezüglich der Umwelt und der vielen wundervollen Tiere, die diesen Planeten mit uns teilen.

Im traditionellen Tarot ist dies die Farbe der Münzen und das Element der Erde.

As des Herbstes

Wundervolle Neuigkeiten! Ein unerwarteter Glücksfall erscheint, um dir zu helfen, deine Träume zu verwirklichen! Die Feen sind vertrauenswürdig und in der Lage, alles zu manifestieren, was du dir wünschst, und sie haben dir ein Geschenk mitgebracht. Das kann finanzielle Fülle in Form von Geld sein; oder ein weiser Rat; physische Hilfe bei deinem Projekt; oder jemand, der dich mit sehr einflussreichen Personen bekanntmachen kann.

Nutze deine Ressourcen weise. Entwickle einen Plan, wie du sie am besten erfolgreich einsetzen kannst. Falls deine Gedanken sich auf langfristigere Ziele richten, ist jetzt ein guter Zeitpunkt, Investitionen zu tätigen.

Diese junge Fee ruht auf einem großen potenziellen Wissen. Sie weiß, dass sie eines Tages in der Lage sein wird, dieses Potenzial in wunderbare Fülle zu verwandeln.

Zusätzliche Bedeutungen dieser Karte: In Grundbesitz investieren. Ein sehr erfolgreiches Unternehmen. Geben, ohne etwas zu erwarten. Eine willkommene berufliche Veränderung.

Zwei des Herbstes

Du bist bestens in der Lage, dich um viele Dinge auf einmal zu kümmern! Deine Fähigkeit zum Multitasking und gleichzeitig ausgezeichnete Arbeit zu leisten, bietet dir wunderbare Gelegenheiten für die Zukunft. Doch es kann auch ermüdend sein, wenn du das, was du tust, nicht genießt.

Tue alles, was du tust, mit Freude! Du kannst Arbeit und Vergnügen ins Gleichgewicht bringen, wenn du das Vergnügen in jedem Augenblick findest, egal was du tust. Selbst wenn das Vergnügen zuweilen relativ klein ist, kann es zu immer größerem Glück führen. Das Gesetz der Anziehung sieht, wie spielerisch du deine Aufgaben erledigst, und schickt dir immer mehr Vergnügen! Finde den Humor in deiner Situation, und deine Sorgen werden sich in Luft auflösen.

Eine wunderschöne Fee versucht, viele magische Bälle auf einmal in der Luft zu halten. Das gelingt ihr ziemlich gut, aber wo ist das Vergnügen?

Zusätzliche Bedeutungen dieser Karte: Diverse Prioritäten oder Jobs jonglieren. Du erreichst mehr, als du dir erträumt hast. Sich um alle Details kümmern. Große Veränderungen in deinem Beruf.

Drei des Herbstes

Du hast viel ungenutztes Talent und eine ganze Reihe erstaunlicher Fähigkeiten! Indem du diese Gaben zum Ausdruck bringst, wirst du persönlich wachsen und große finanzielle Belohnungen ernten. Erlaube deiner Kreativität, sich zu neuen Höhen aufzuschwingen. Arbeite nur mit Personen, die deine Begeisterung teilen und eine kreative Zusammenarbeit genießen.

Folge deiner Passion, wenn es darum geht, was du beruflich tust. Wenn du mit ganzem Herzen bei der Sache bist, ist deine Arbeit wie von einem Licht durchdrungen. Deine Kreativität kann dir zu einem erfolgreichen Leben verhelfen! Du fühlst dich aus gutem Grund hingezogen zu dem, was dir Freude bringt, was wiederum zu Fülle führen wird.

Ein Feen-Jüngling in Gestalt eines Handwerksmeisters hat zwei der drei kristallenen Calla-Lilien vollendet, die in Auftrag gegeben waren. Wenn seine Arbeit getan ist, wird er großen Lohn ernten.

Zusätzliche Bedeutungen dieser Karte: Für deine Talente belohnt werden. Meisterschaft erlangen in dem, was du tust. Gut mit anderen zusammenarbeiten. Einen Mentor finden oder selbst ein Mentor sein.

Vier des Herbstes

Dich mit anderen zu vergleichen kann Verwirrung stiften. Unter Umständen siehst du die Dinge nicht, wie sie wirklich sind. Vielleicht hast du das Gefühl, dass du nicht genug hast, wenn du in Wahrheit gesegneter bist, als dir bewusst ist. Unterstütze Menschen, die Not leiden. Den Bedürftigen zu helfen schafft einen Kreislauf, der auch dir ermöglicht, etwas zu empfangen. Was du gibst, kommt zu dir zurück!

Gehe klug mit deinen Finanzen um. Gibst du leichtfertig zu viel aus? Oder hältst du an jedem Cent so fest, dass du überhaupt keine Freude mehr empfindest? Geld ist ein Instrument, das auf eine Weise benutzt werden sollte, die sowohl Freude bringt als auch langfristige Sicherheit schafft. Wenn du knauserig mit deiner Fülle umgehst, kann das Gesetz der Anziehung blockiert werden. Du verdienst es, alle materiellen Freuden des Lebens zu genießen! Vergiss nicht, dass diese Karte sich auch auf etwas anderes als Geld beziehen kann. Tatsächlich kann sie jeden Aspekt deines Lebens betreffen, wo du zu viel oder nicht genug gibst.

Eine Fee üppiger Geschenke schaut in einen Spiegel, sieht aber nur Mangel. Die Art, wie sie ihre eigene Situation sieht, ist durch ihre Angst verzerrt.

Zusätzliche Bedeutungen dieser Karte: Du arbeitest sehr hart für dein Geld. Zu kontrollierend sein. Angst, deinen Wohlstand zu verlieren. Finanzielle Stabilität. Überbordende Schulden.

Fünf des Herbstes

Wenn du schwierige Zeiten erlebst, gibt es immer einen Weg, um Hilfe zu empfangen: bitte um göttliche Führung! Gott, die Engel und die Feen sind ständig in der Nähe und warten auf deine Bitte um Beistand. Hilfe kann plötzlich auftauchen und dir genau das liefern, was du brauchst. Achte auf Zeichen im Hinblick darauf, was du als nächstes tun sollst. Magische Botschaften begleiten dich auf Schritt und Tritt – in jedem Augenblick eines jeden Tages – wenn du nur darum bittest, sie klar erkennen zu können!

Wenn du deinen Fokus auf die Negativität oder Dinge in deinem Leben richtest, die dich unglücklich machen, bereitest du dir selbst den Weg für weitere Schwierigkeiten. Das nennt man »selbsterfüllende Prophezeiung«. Halte deine Gedanken positiv und fokussiere dich auf das, was du wirklich willst!

Ein kleiner Feen-Junge besitzt die Weisheit, um Hilfe zu bitten, wenn er sie braucht.

Zusätzliche Bedeutungen dieser Karte: Sich mit Geldproblemen konfrontiert sehen. Ungünstige Zeit für einen Berufswechsel. Dich alleine fühlen, obwohl du nicht alleine bist. Sorgen um die Gesundheit.

Sechs des Herbstes

Den Erfolg, mit dem du gesegnet bist, mit anderen zu teilen, ist von größter Wichtigkeit. Indem du jenen gibst, die in Not sind, gibt der Himmel dir zurück! Geben muss nicht unbedingt mit Geld zu tun haben. Es gibt viele Menschen, die deine Zeit als ehrenamtlicher Helfer benötigen. Vielleicht kannst du ausgezeichneten Rat geben oder einem Lehrling Anleitung und Erfahrung anbieten.

Sei weise, wenn es ums Geben geht. Wichtig ist zu wissen, dass die Organisation, die du unterstützt, seriös ist und ehrliche, gute Arbeit leistet. Erkundige dich und stelle Nachforschungen an, oder bitte Gott, die Engel und die Feen, dir klare Botschaften zu schicken, welchen Organisationen du vertrauen kannst.

Eine wohlhabende Fee teilt ihren Reichtum mit anderen in ihrer Umgebung. Ihre Freundlichkeit ist bewundernswert, solange sie auf eine kluge Weise gibt.

Zusätzliche Bedeutungen dieser Karte: Gleichgewicht zwischen Geben und Empfangen. Anbieten, was wirklich gebraucht wird. Den Reichtum teilen. Den Zehnten geben. Geld für Ausbildung oder Studium.

Sieben des Herbstes

Die größten Schätze im Leben brauchen oft eine Weile, um heranzureifen. Gib jetzt nicht auf, wo die Frucht gerade dabei ist, heranzureifen! Es mag den Anschien haben, als würden deine Pläne sich nur langsam entwickeln, doch geht in Wahrheit alles schneller, als du glaubst. Übe dich in Geduld! Bald wird deine Ernte eingefahren, und du wirst sehen, wie erfolgreich du warst.

Während du darauf wartest, dass deine Pläne sich erfüllen, nutze die Gelegenheit, über deine bisherigen Fortschritte nachzudenken. Achte auf Verbesserungen oder Korrekturen im Hinblick auf deine bisherige Vorgehensweise, die du beim nächsten Mal umsetzen kannst.

Ein junger Feen-Landwirt wartet geduldig darauf, dass seine Feldfrüchte reifen. In der Zwischenzeit sinnt er darüber nach, wie er die Zeit bis zur Ernte nutzen kann.

Zusätzliche Bedeutungen dieser Karte: Fleiß. Sorgfalt. Langsamer, aber messbarer Fortschritt. Ein voraussehbarer Einkommenszuwachs. Zeit für eine kleine Pause. Sich unnötig Sorgen machen.

Acht des Herbstes

Lerne so viel du kannst! Vielleicht ist es an der Zeit, wieder die Schulbank zu drücken oder mehr Übung in den Fertigkeiten zu bekommen, die du erlernen willst. Dazu könnte gehören, an Seminaren teilzunehmen, deine berufliche Entwicklung zu fördern oder sogar nochmal ein Studium anzufangen. Möglich ist auch, dass du als Lehrling Fertigkeiten erlernen oder als Mentor Unterweisung anbieten wirst. Falls du mit dem Gedanken spielst, einen anderen Beruf zu finden: Jetzt ist die Zeit dafür!

Die Energie, die du in deine Arbeit investierst, wird von allen wahrgenommen und geschätzt, einschließlich der Feen! Das Gesetz der Anziehung gibt dir deine Energie zurück in Form von Wohlstand, Fülle und Vorwärtskommen.

Ein kleines Feen-Mädchen lernt ein Handwerk von ihrer Großmutter, die gleichzeitig ihr Mentor ist. Sie schreibt aufmerksam alles auf, was die weise Frau ihr sagt.

Zusätzliche Bedeutungen dieser Karte: Ausbildung. Ausgezeichnetes handwerkliches Können. Gut bezahlt werden für erstklassige Arbeit. Langfristige Projekte. Tätigkeit, die dich und deine Fähigkeiten repräsentiert. Forschungsarbeiten.

Neun des Herbstes

Aaah! Die Zeit ist da, dich für deine wundervollen Leistungen zu belohnen. Du hast viel erreicht, und du verdienst ein wenig Entspannung, Fürsorge und Frieden! Genieße die Früchte deiner Arbeit. Als Ausdruck deiner Selbstliebe tue etwas, das sich wunderbar luxuriös und verwöhnend anfühlt.

Du hast sehr hart gearbeitet. Es ist völlig gesund und angebracht, dich selbst auf irgendeine kleine (oder großartige!) Weise zu ehren, als Ansporn, deine positive Entwicklung weiterzuführen. Schließlich hast du es verdient!

Eine sehr erfolgreiche Fee genießt die wunderschönen Laute ihrer Harfe, während um sie herum die Früchte ihrer Arbeit reifen.

Zusätzliche Bedeutungen dieser Karte: Glücklich selbstständig. Eine schöne Umgebung schaffen. Die feineren Dinge im Leben schätzen. Genieße deine Zeit alleine.

Zehn des Herbstes

Familiäre Verbindungen sind extrem wichtig. Ehre deine Herkunft und sei stolz auf das, was du bist. Teile deine Geschichte mit deinen Kindern oder anderen Familienmitgliedern. Nimm das Positive an und lass alle negativen Ereignisse aus der Vergangenheit los.

Beginne damit, in deine Zukunft zu investieren! Erarbeite Pläne, wie du deine Familie für zukünftige Ausbildung, Krankenversicherung oder Rente finanziell absichern kannst. Bereite jetzt schon alles vor, damit du in späteren Jahren frei bist von finanziellen Sorgen. Selbst wenn du noch jung bist und nur wenig Geld monatlich beiseite legen kannst, wird sich im Laufe der Jahre eine beachtliche Summe ansammeln.

Eine glückliche Familie verbringt Zeit miteinander, über ihnen eine Fülle goldener Birnen. Die Birnen – ein Symbol für Wohlstand – werden viele Jahre lang alle ihre Bedürfnisse erfüllen.

Zusätzliche Bedeutungen dieser Karte: Familienstammbäume. Familientraditionen ehren. Finanzielle Sicherheit. Eine Erbschaft. Größere geschäftliche Investitionen.

Prinzessin des Herbstes

»Man kann nie zu viel Wissen haben!« – so jedenfalls sagt es unsere Prinzessin des Herbstes. Diese optimistische und fröhliche junge Dame liebt es zu lernen. Sie ist charmant und zuverlässig, gut gelaunt und über die Maßen clever. Zugegeben, ihr Wesen weist einen gewissen Hang zum Schelmischen auf, also nimm dich in Acht! Abgesehen davon, dass es eine absolute Freude ist, sie um sich zu haben, ist sie auch weit über ihre Jahre hinaus verantwortungsbewusst und weise.

Haben wir erwähnt, dass sie es liebt, zu lernen? Dieses süße Ding könnte der berühmte »ewige Student« sein und länger als üblich brauchen, bis sie in die »reale Welt« hinausgeht. Außerdem neigt sie dazu, die Dinge viel zu lange zu überdenken, bevor sie handelt. Doch wenn der Moment kommt, gibt es kein Halten mehr und alles läuft perfekt!

Das As des Herbstes ist herangewachsen, und die Bücher, die ihr zuvor verschlossen waren, liegen jetzt offen vor ihr! Das Wissen, das sie erlangt hat, ist der Grund für die Fülle auf dem Tisch.

Zusätzliche Bedeutungen dieser Karte: Zeit, wieder zur Schule zu gehen. Studium und Forschung. Seminare oder Kurse. Gute Nachrichten im Bereich Finanzen. Einen Anstoß brauchen, um anzufangen. Sich hocharbeiten.

Prinz des Herbstes

»Man muss nicht sofort aktiv werden. Manche Leute ziehen es vor, zuerst einen Plan zu haben«, sagt der Prinz des Herbstes. (Zugegeben, das war eine kleine Stichelei gegen den Prinz des Winters.) Und wahrhaftig, was hat dieser Prinz für einen Plan! Er hat von A bis Z alles berücksichtigt, plus mehr als einen Plan B entwickelt, sollte er ihn brauchen.

Mutig, galant, vertrauenswürdig und sanftmütig ist dieser Prinz dein Beschützer, der wirklich in jeder Beziehung auf dich aufpasst. Er ist eine Art Feen-Beschützer, der darüber hinaus den Vorteil hat, dir einen soliden Geschäftsplan aufstellen zu können! Doch bewegt er sich in einem eher langsamen Tempo. Er braucht Zeit, um die Dinge zu erledigen. Unter Umständen wirst du ein Weilchen warten müssen.

Der Prinz des Herbstes schwebt langsam und sanft auf einem Blatt. Er hat es nicht eilig, aktiv zu werden, doch das Licht am Ende seines Stabes reflektiert die intellektuelle Brillanz, die in seinem Inneren am Werk ist.

Zusätzliche Bedeutungen dieser Karte: Vorsichtiges, aber weises Handeln. Jemand, der sehr hart arbeitet. Ein Naturfreund, häufig Vegetarier oder Veganer. Sorgfältiges Achten auf Details. Sich zuerst um andere kümmern. Eine Botschaft der Feen.

Königin des Herbstes

Betrachte diese Königin als eine Feen-Patin. Sie kümmert sich um jeden und kann es nicht erwarten, herbeizueilen, um jemandes Rettung zu sein. Sie ist großzügig, sie gibt gern, und sie liebt es, dafür zu sorgen, dass Träume wahr werden. Sie schwärmt für luxuriöse und schöne Dinge. Wahrscheinlich könnte sie Stroh zu Gold spinnen, wenn du sie darum bitten würdest (und sie würde es mit Sicherheit liebend gerne versuchen!).

Ihre Familie bedeutet ihr alles, und sie hat die Fähigkeit, gleichzeitig ein kleines Unternehmen und eine große Familie zu lenken, ohne auch nur einen Moment ins Schwitzen zu kommen. Außerdem hat sie einen ausgezeichneten Sinn für Dekoration jedweder Art. Ihr Motto lautet: »Form und Funktion, mein Schatz. Form und Funktion.« Zudem hat sie einen teuren Geschmack (um genau zu sein: einen sehr teuren). Sie ist anspruchsvoll – und wählerisch. Zum Glück kann sie gut mit Geld umgehen, denn sie gibt es aus wie verrückt, und sie tendiert dazu, »gut« zu heiraten.

Die Königin des Herbstes sitzt auf ihrem Thron. Sie mag den Eindruck erwecken, untätig zu sein, doch ist sie umschwirrt von Magie. Der Hase an ihrer Seite symbolisiert den Wohlstand und die Kreativität, über die sie verfügt.

Zusätzliche Bedeutungen dieser Karte: Die Fähigkeit, alles schöner zu machen. Extreme Sensibilität. Liebt es, zu gärtnern. Eine wundervolle Mutter oder Vater.

König des Herbstes

Der König des Herbstes ist ein komischer Vogel. Ohne Frage hat er in unternehmerischen Angelegenheiten den Midas Touch: die Gabe, alles, was er berührt, in Gold zu verwandeln. Jedoch anders als so viele Menschen in der Geschäftswelt hat diese Gabe sein eigenes Herz berührt – und es hat sich in Gold verwandelt. Und jetzt ist er bereit, die Erde zu retten! Er kann Hunderte von Personen gleichzeitig managen und außerdem noch den Abfall raustragen, während er seinen Kongressabgeordneten anruft, um ihm die Meinung zu sagen. Er ist über alle Maßen charmant und wird jedem helfen, der ihn darum bittet. Wenn du einem Tier Leid zufügst, wirst du dich auf der Stelle unbeliebt bei ihm machen. (Und das ist etwas, das du vermeiden möchtest – wir wissen, wovon wir reden.)

Dieser König liebt die feineren Dinge im Leben; aus diesem Grund neigt er dazu, sehr hart zu arbeiten. Zu hart. »Wo ist dein Mann?«, fragst du. »Oh, er ist im Büro, er ist geschäftlich unterwegs. Er nimmt an diesem Protestmarsch teil.« Mach dir keine Sorgen ... irgendwann wird er nach Hause kommen. Irgendwann. Der König des Herbstes sitzt auf seinem Thron, und überall um ihn herum hängen üppige, reife Trauben. Die Trauben symbolisieren die Fülle, die er geschaffen hat, während der Schäferhund an seiner Seite die Fähigkeit reflektiert, seinen Wohlstand zu schützen.

Zusätzliche Bedeutungen dieser Karte: Ein großzügiger und empathischer Arbeitgeber. Ein angeborener Geschäftssinn. Kämpfen für das, was richtig ist. Eine erfolgreiche Karriere. Kurz vor der Pensionierung.

Über den Künstler

Howard David Johnson ist ein realistisch visueller Maler und Fotograf, mit einem Background im Bereich Naturwissenschaft und Geschichte. David, wie er genannt werden möchte, arbeitet mit einer Vielzahl digitaler Medien. Nach vielen Jahren des Zeichnens und Malens wurde seine Traditional Media Art 1996 im British Museum of Art in London gezeigt und seitdem in zahlreichen amerikanischen Museen, wie zum Beispiel im Metropolitan Museum of Art in New York City. Davids realistische Illustrationen waren sowohl in vielen großen Buchläden und Game-Shop-Ketten in den USA als auch in Magazinen und Schulbüchern auf der ganzen Welt zu finden.

David bietet seinen Kunden viele Optionen und mehr als drei Jahrzehnte Erfahrung an. Als Illustrator arbeitet er auch mit dem Computer und war an der Entwicklung und Marketing von Software für Adobe Photoshop beteiligt. Digitale Malerei, Buntstifte, Mixed Media und Ölgemälde können bei ihm für ausgewählte Projekte in Auftrag gegeben werden. David liefert traditionellen Kundenservice plus die Rechte an diesen individuell kreierten Illustrationen, wenn es sich um einen Auftrag handelt.

Website: www.howarddavidjohnson.com

Über die Autoren

Doreen Virtue schloss ihr Studium an der Chapman University mit zwei akademischen Graden in beratender Psychologie ab. Sie ist häufig Gast im US-Fernsehen und Radio, wo sie als »The Angel Lady« bekannt ist.

Für weitere Informationen über Doreens Seminare, Bücher, Orakelkarten, Audioprogramme, Podcasts und wöchentliche Live-Radioshow besuchen Sie bitte ihre Website:

www.AngelTherapy.com

ANGEL THERAPY®

Radleigh Valentine ist ein international bekannter Redner, Autor, Radioshow-Moderator und nach Jahren als Buch- und Rechnungsprüfer »auf dem Weg der Besserung«. Nach seinem Ausscheiden aus der Geschäftswelt wurde Radleigh weithin als Co-Autor (mit Doreen) der Bestseller »Das Engel Tarot« und »Das Erzengel Tarot« bekannt.

Radleighs Radioshows und Seminare sind erfüllt mit Lachen und Lernen. Er besitzt die Fähigkeit, schwierige Konzepte mit einem humorvollen und charmanten Optimismus zum Ausdruck zu bringen, was Ihnen mit Sicherheit zu der Erkenntnis verhelfen wird, dass »das Leben magisch ist«. Für weitere Informationen besuchen Sie bitte seine Website:

www.RadleighValentine.com

Von Doreen Virtue sind in unserem Hause folgende Kartendecks erschienen:

Antworten der Engel-Orakel
Das Schutzengel-Tarot
Das Erzengel-Tarot
Das Blumen der Engel-Orakel
MARIA – Das Königin der Engel-Orakel
Das Traum-Orakel der Engel
Das Engel der Liebe-Orakel
Das Engel-Tarot
Das Lebensorakel der Engel
Das Erzengel Michael-Orakel
Das Engel-Therapie-Orakel
Das Magische Orakel der Feen
Das Engel-Orakel für jeden Tag
Das Orakel der himmlischen Helfer
Das Heilorakel der Engel
Das Erzengel-Orakel
Das Einhorn-Orakel
Das Heilorakel der Feen